EINE KULINARISCHE
ENTDECKUNGSREISE
durch Luxemburg

Annette Beckmann
Ursula Furlan
Mechthild Schneider

EINE KULINARISCHE ENTDECKUNGSREISE
durch Luxemburg

MIT DEN BESTEN REZEPTEN AUS DER REGION

UMSCHAU

Inhalt

Luxemburg

126 Wilwerdange · Weiswampa

Urspelt 124 · Heinerschei

Wincrange · Clervaux 122 · Roder 118

Luxemburg · Munshausen 116 · Hosingen 112

Eschweiler · Kiischpelt

Winseler · 128 Wiltz · *Schloss Wiltz* · Consthum

Lac de la Haute-Sûre · Goesdorf

Boulaide · 130 Heiderscheid · Bourscheid

Belgien · Erpeldange

Wahl · Ettelbruck

Rambrouch · Grosbous

Préizerdaul

7

Redange · Useldange · *Obelisk* · Mersch

Beckerich · Saeul 134 · *Basilika* · Tuntange

Hobscheid

Steinfort · Kehlen

6

Garnich · Mamer · Strassen 12

6

Dippach

140 Bascharage · Reckange-sur-Mess · 4

13

Märchenpark · Bettembourg

13

150 · *Rockhal* · Kayl

Esch-sur-Alzette · 146

Grubenarbeiter-denkmal · Dudelang

Die Zahlen 15 sind identisch mit den Seitenzahlen der einzelnen Betriebe in diesem Buch und bezeichnen ihre Lage in der Region.

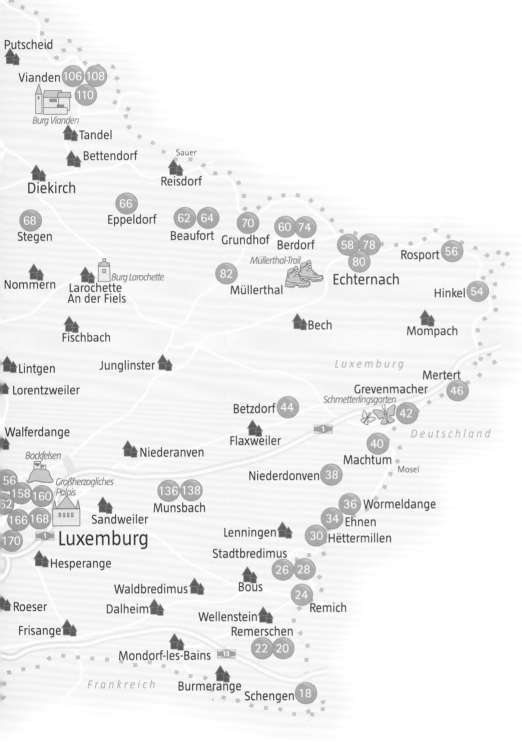

Putscheid

Vianden 106 108
110

Burg Vianden

Tandel

Bettendorf

Sauer

Reisdorf

Diekirch

66

68   Eppeldorf   62 64   70   60 74
Stegen   Beaufort Grundhof Berdorf   58 78   Rosport 56
                                                      80
                              Müllerthal-Trail   Echternach   Hinkel 54
Nommern   *Burg Larochette*   82
          Larochette   Müllerthal
          An der Fiels

Fischbach   Bech   Mompach

Lintgen   Junglinster   *Luxemburg*   Mertert
Lorentzweiler   Grevenmacher   46
                    Schmetterlingsgarten
                    Betzdorf 44   42   *Deutschland*
Walferdange   Flaxweiler
Bockfelsen   40
          Niederanven   Machtum   *Mosel*
56   *Großherzogliches*   Niederdonven 38
158 160   *Palais*   Wormeldange
62   136 138   36
166 168   Sandweiler Munsbach   34 Ehnen
170   Luxemburg 1   Lenningen   30 Hèttermillen
          Hesperange   Stadtbredimus
          Waldbredimus Bous   26 28
Roeser   Dalheim   24
Frisange   Wellenstein   Remich
                    Remerschen
          Mondorf-les-Bains 13   22 20
Frankreich Burmerange
          Schengen 18

Müllerthal Trail

Letztes Großherzogtum der Welt

Zugegeben, auch wir haben bisher bei Luxemburg nur an Banken, Radio Luxemburg, RTL, Jean-Claude Juncker und vielleicht noch an Europa gedacht. Seit unserer Reise durch das Ländchen hat sich dies entscheidend geändert. Luxemburg, auch die grüne Lunge Europas genannt, ist ein kleines Land. Sein früherer Name lautete daher auch Lützelburg (lützel = klein). Trotzdem kann man auf einer Größe von 82 mal 57 Kilometern völlig verschiedene Urlaube verbringen, denn jede der fünf Regionen Luxemburgs ist für sich einzigartig: Die Mosel mit ihrem Wein, das Müllerthal mit seinen Felsformationen und urwüchsigen Pfaden, die Ardennen, die zum Mountainbiken oder Forellenangeln verführen. In der Region Luxemburg lockt nicht nur das Tal der sieben Schlösser. Und das Land der roten Erde, ehemaliges Industriegebiet im Süden, erzählt von der Bergbaugeschichte. Die Wanderwege laden überall zur gemächlichen Erkundung ein. Auch in der Stadt Luxemburg – hier auf kulturellen und historischen Themenwegen.

Moijen – diesen Gruß hört man morgens, mittags, abends. 1984 ist „Lëtzebuergesch" neben Französisch und Deutsch zur dritten Amtssprache geworden. Es geht zurück auf das Mittelhochdeutsche und klingt in unseren Ohren wie ein Dialekt. Luxemburg ist ein mehrsprachiges, weltoffenes Land. Es hat in der Geschichte bis zu seiner Unabhängigkeit 1815 so oft den Besitzer gewechselt, dass die Einwohner sehr gelassen im Umgang mit Fremden sind. Die Idee eines gemeinsamen Europas stammt nicht von ungefähr von einem Luxemburger.

Es gilt also, ein Kleinod zu entdecken, das nicht nur mit kulinarischen Schätzen aufwartet.

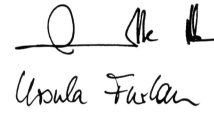

Ursula Furlan

Gesundes Gleichgewicht zwischen Nachfrage und Angebot

Luxemburgs Kapital ist seine naturbelassene Landschaft. Grüne, saftige Wiesen, soweit das Auge reicht! Nachhaltige Landwirtschaft erhält dieses Landschaftsbild, ein Besuch lohnt sich allemal: zum Wandern, zum Erkunden und um kulinarische Überraschungen zu erleben bei den landestypischen, traditionellen, deftigen Gerichten, die unter Einsatz regionaler Produkte modern und gesund zubereitet werden.

Mit Unterstützung des Landwirtschaftsministeriums starteten die Luxemburger Produzentenvereinigungen unter Federführung der Landwirtschaftskammer im Jahr 2009 die Kampagne „Sou schmaacht Lëtzebuerg", also „So schmeckt Luxemburg". Dies geschah mit dem Ziel, dass sich die Menschen wieder stärker auf ihre kulinarische Kultur besinnen und auf die Erzeugnisse aus dem eigenen Land zurückgreifen. Dass damit Arbeitsplätze gesichert werden, versteht sich von selbst. Durch die Kampagne soll ein Netzwerk zwischen Produzenten und Lieferanten geschaffen werden, das sicherstellt, dass die heimische Ware bei Metzgern, Bäckern und Restaurants ankommt.

Wer das Logo der Kampagne kennt, findet die teilnehmenden Restaurants. Sie verwenden in den jeweiligen Gerichten möglichst viele einheimische Lebensmittel. Köche aus Restaurants und Kantinen stellen aus diesen Produkten köstliche Gerichte her, die es lohnt zu probieren. Ein Beispiel dafür ist der Feuersteinsalat aus bestem Rindfleisch –

ein beinahe archaisches Luxemburger Gericht. Luxemburg kann sich glücklich schätzen. Besonders hinsichtlich der Verfolgbarkeit vom Hof bis auf den Teller setzt dieses Luxemburger Gütesiegel Maßstäbe. Ob der Größe des Landes ist der Transportweg vom Hof bis auf den heimischen Tisch sehr kurz. Insgesamt wirtschaften die Luxemburger Bauern, Winzer und Gärtner auch sehr naturnah und garantieren dem Verbraucher somit schmackhafte, nachhaltig produzierte Lebensmittel.

Landwirtschaftskammer
Luxemburg
261, Route d'Arlon
L-8011 Strassen
☎ 0 03 52 / 31 38 76-1
www.sou-schmaacht-letzebuerg.lu

Die Luxemburger Mosel –
nicht nur kulinarisch ein Genuss

Woher das Urlaubsgefühl rührt, das sich bei einer Fahrt entlang der Luxemburger Mosel augenblicklich einstellt, ist nicht eindeutig zu klären. Kommt es von der träge dahin fließenden Mosel oder den Schwänen, die ruhig darauf ihre Bahnen ziehen? Sind es die sich sanft im Wind wiegenden Trauerweiden? Der Effekt ist jedenfalls verblüffend auf der Wäistrooss (Weinstraße), der 42 Kilometer langen Strecke von Schengen bis Wasserbillig.

Ob die Römer vor etwa 2 000 Jahren dieselben Eindrücke hatten? Sie erkannten gottlob das geschützte Flusstal mit seinem milden Klima als idealen Standort für Weinanbau und haben sich hier niedergelassen. So reifen heute auf Kalkfelsen im Kanton Grevenmacher zum Beispiel Weine mit einem für die Gegend typischen Geschmack. Im Kanton Remich gedeihen süffige und harmonische Tropfen. Die luxemburgischen Weinberge produzieren hauptsächlich Weißweine, die sich durch die unterschiedlichen Böden stark voneinander unterscheiden.

Bei Windstille spiegeln sich im Wasser der Mosel die Häuser der kleinen verträumten Orte. Von Weinbergen gesäumt zieht sich der Fluss in großen Schleifen durch das Tal. Ab und zu treiben Schiffe vorbei, seien es die Ausflugsschiffe Roude Léiw und M.S. Princesse Marie Astrid oder ein mit Kohle beladener Frachter.

Im Dreiländereck bei Schengen blühte einst der kleine Grenzverkehr. Mancher Winzer erinnert sich noch an Franzosen, die auf den kleinen Weinbergwegen unterwegs waren. Das Auto voller Fernseher fragten sie nach der geeigneten Richtung, um ungesehen vom Zoll über die Grenze zu gelangen. Die Gegend haben sich Menschen schon immer geschäftlich zunutze gemacht. Der Ort Schengen hatte einst bei nur 200 Einwohnern sage und schreibe acht Tante-Emma-Läden mit Kaffee und Tabak im Angebot. Das gleichnamige Abkommen wurde am 14. Juni 1985 unterzeichnet und damit die stationären Grenzkontrollen abgeschafft. Heute steht der Austausch von Kultur, Kunst und Traditionen zwischen den drei Ländern im Vordergrund und natürlich die verschiedenen Küchen Deutschlands, Frankreichs und Luxemburgs, deren Spezialitäten entdeckt werden können. Nicht zu vergessen grenzüberschreitende Sprachkurse, Radwege und Sportveranstaltungen. Aus dem 12. oder 13. Jahrhundert stammt das alte Schloss in dem beschaulichen Ort, in

dem schon Johann Wolfgang von Goethe und Victor Hugo gewohnt haben.

Natur- und Kulturerlebnisse gibt es reichlich. Wie das Naturschutzgebiet Haff Remich, wo Holzstege durch die ehemaligen Baggerseen führen, gesäumt von Schilf und Informationstafeln. Über eine kleine Holzbrücke betritt man eine Vogelbeobachtungsstation, die in den See gebaut wurde. Wer Glück hat wird von einem kapitalen Hecht begrüßt oder erblickt andere Fischarten. Gewappnet mit einem Fernglas lassen sich durch schmale Klappen in der Hütte unzählige Arten von Wasservögeln beobachten, Haubentaucher, Eisvögel, sogar ein Fischadler wurde schon gesichtet. Blässhühner tauchen und fangen Fische, ein nie gesehener Anblick. Viele Zugvögel machen auf ihrer Reise hier Station.

Auf der Terrasse eines Restaurants in Remich spiegelt sich die Sonne im Weinglas. Der Gast genießt seine Fischfrittüre und die Gedanken schweifen unwillkürlich zu den Römern, deren Spuren er auf seiner Reise immer wieder findet, unterstützt durch Schautafeln und Informationen.

Wer nicht durch die Weinberge gewandert ist, war nicht wirklich an der Mosel. Unbedingt Zeit nehmen sollte man sich deshalb für den Moselhöhenweg mit seinen immer wechselnden Ausblicken. Trifft man unterwegs einen Winzer bei seiner Arbeit, nimmt er sich selbstverständlich Zeit, die gestellten Fragen zu beantworten. Wein macht gesellig, deshalb sind die Moselaner ein offenes

Völkchen. Man spürt den Stolz auf ihre Arbeit. Radbegeisterte starten entweder mit dem eigenen Rad zu einer Rundtour von der Mosel in das Hinterland und wieder zurück, oder leihen sich eines an den vielen Verleihstationen. In den engen Gassen der Winzerdörfer begegnet man häufig Zeugnissen der jahrhundertealten Weinkultur, wie Pressen oder Mahlwerken. Fährt man von den Weinbergen in das hügelige Hinterland, ändert sich das mediterrane Klima der Mosel stark. Jetzt prägen dichte Wälder und Wiesen das Landschaftsbild, Kühe stehen auf der Weide. Hier dominiert die Landwirtschaft. Die ganze Bandbreite der Region kann so erfahren werden. Oder man genießt einfach den immer flachen Radweg entlang der Mosel. Einige Museen wie das Weinmuseum in

Ehnen, das Wein- und Folkloremuseum Possenhaus A Possen in Bech-Kleinmacher und das Centre Européen Schengen sind einen Besuch wert. Mit einem Rieslingfondue in der Weinstube A Possen ist man entsprechend eingestimmt.

Wo Wein wächst, gedeiht auch Obst prächtig. In der Saison stehen die Obstbauern mit ihren Ständen am Straßenrand entlang der Weinstraße. Jetzt heißt es zugreifen, denn frischer geht es nicht. Ohne zu zögern kann man jedoch auch auf die Höfe gehen und nach Obst fragen. Anfang September bis Ende Oktober wird das Angebot natürlich durch Tafeltrauben bereichert.

Sollte es wider Erwarten einmal regnen, gibt das Aquarium in Wasserbillig Aufschluss über die regionalen Süßwasserfische. Oder man geht mit stau-

nenden Augen durch den exotischen Schmetterlingsgarten in Grevenmacher. Die Brücken über die Mosel führen schnell in Richtung Trier, wo bei einem Besuch der Porta Nigra, der Kaiserthermen und des Hauptmarkts weitere Spuren der Römer in der alten römischen Kaiserstadt entdeckt werden können.

Im Winter gönnt man sich Wellness. Was gibt es Schöneres, als an einem strahlenden kalten Wintertag, nach einer ausgedehnten Wanderung durch die Weinberge, in der Sauna zu entspannen. Anschließend trifft man sich direkt im Weinkeller um den Erholungsfaktor zu vertiefen. Da darf es auch mal regnen.

Europäischer Weinbau par excellence auf dem Markusberg

Kein Geringerer als der bekannte Luxemburger Architekt François Valentiny hat das ungewöhnliche Gebäude mitten im Weinberg entworfen. Hoch über der Mosel verbinden sich so eindrucksvoll Wein und Architektur. Auf der mediterran anmutenden Terrasse, mit einem Gläschen Crémant in der Hand ahnt der Gast, wie sich Feudalherren gefühlt haben mögen. Im Tal liegt Schengen, bekannt durch das gleichnamige Abkommen. Weniger bekannt sind die Weißweine, die hier auf ausgezeichneten Lagen wachsen, vom Rotwein ganz zu schweigen.

Das wird sich in Zukunft ändern. Henri Ruppert setzt intensiv auf Rotwein. Seine Überzeugung ist zu spüren, wenn er sagt: „Stimmen Lage, Neigung und Ausrichtung, entstehen an den Hängen keine roten Weine, sondern echte Rotweine. Die Erträge sind so gesteuert, dass die Trauben voll ausreifen können. Im Keller ist ein Eingreifen kaum nötig. Der Wein baut sich selbst aus und besticht durch reife Töne." Vor zehn Jahren ging er als erster diesen Weg und blieb seiner Devise bis heute treu. Folglich lagern im Keller nur Weine, die er selbst trinkt. Etwa die Beerenauslese Riesling, ein Wein,

der einen das ganze Leben begleiten kann oder der Pinot Blanc Barrique.

Die Weine für das Cuvée des Crémants „Esprit de Schengen" wachsen auf Lagen in Luxemburg und Frankreich. Eine geeignete Fläche in Deutschland soll hinzukommen, um den Gedanken der offenen Grenzen vinophil weiter zu denken.

Von der Weinstube geht der Blick direkt in den Weinkeller. Während der Verkostung der guten Tropfen ist man so der Arbeit des Kellermeisters noch näher. Eine versierte Köchin reicht dazu interessante kleine Gerichte.

Pinot – wie sonst – heißt der Border Collie des Hausherrn und wohnt stilecht im Weinfass. Er lernt gerade, Trüffel im Wald zu finden und ist diesbezüglich noch ausbaufähig.

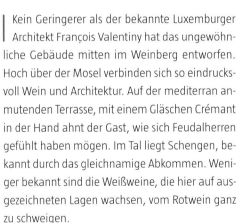

Domaine Henri Ruppert
Auf dem Markusberg 1
L-5445 Schengen
☎ 0 03 52 / 26 66 55 66
www.domaine-ruppert.lu

Erlebniswelten in Glas

Schon in der Kindheit fühlte Millie Mack sich gut und ausgeglichen, wenn sie kreativ sein konnte. Vor etwa zwei Jahrzehnten entdeckte sie ihre Liebe zu Glas. Die enorme Leuchtkraft des bunten Werkstoffs inspiriert die Künstlerin zu immer neuen Werken.

Zuerst entwirft sie das Objekt, dann wird anhand einer Papierschablone jedes einzelne bunte Glasteil von Hand zugeschnitten. Auserlesene Gläser, speziell entwickelt für das Fusing, wie diese Glastechnik genannt wird, schmelzen bei Temperaturen um 800 Grad im Brennofen. Glasgranulat in allen Farben und Glasmalerei lassen originelle Effekte entstehen, die deutlich die Handschrift von Millie Mack haben. Öffnet sich der Deckel des Brennofens, leuchtet einem das Ergebnis entgegen. Auf einer großen Schale fließt in schillerndem Blau die Pétrusse durch Luxemburg-Stadt, man sieht eine Brücke, die Kathedrale erhebt sich majestätisch über grüne Parks und Bäume, auch die Hochhäuser auf dem Kirchberg fehlen nicht.

Wenn sie nicht auf Ausstellungen unterwegs ist, arbeitet sie im Atelier. Etwa an einer Glasschale, an originellen Glaskacheln, Pâte de Verre Skulpturen, an kunstvoll verzierten Spiegeln oder Türfüllungen, auch nach Wünschen des Auftraggebers. Dass ihr das Kombinieren von Farben Wonne bereitet, sieht man ihrem Schmuck an. Handgear-

beitete Glasperlen verwandeln sich in Ohrringe, Armbänder und Ketten. Farblich aufeinander abgestimmte Unikate, gekonnt zusammengestellt mit Zuchtperlen, Korallen, Halbedelsteinen, mattiert oder facettiert, in Tropfen- oder abgeflachter Form, Kugeln aus Schlangenleder, Papiermaché oder anderen interessanten Materialien. Schon bei der Planung genieße sie das Zusammenspiel der Farben, schwärmt die Künstlerin. Jeder findet die Kette, die seiner Persönlichkeit entspricht. Bei der Auswahl steht Millie Mack gerne mit kompetentem Rat zur Seite.

Atelier Art et Verre
Rue Lassrengen
L-5441 Remerschen
☎ 0 03 52 / 6 21 25 06 66
www.milliemack.lu

Klasse statt Masse

Corinne Kox-Sunnen und ihr Bruder Yves wissen wie gesundes Essen schmecken soll. Schon ihre Eltern und Großeltern ernährten sich aus dem hauseigenen Garten, in dem alles natürlich wachsen konnte. So war es fast selbstverständlich, dass die Geschwister im Jahr 2000 ihren Weinbaubetrieb auf Bio umstellten. 1872 von Anton Sunnen gegründet, führen sie den Betrieb in der fünften Generation weiter. Durch gezielten Tausch und Kauf entstanden große zusammenhängende Flächen, abgegrenzt von konventionellem Anbau. Zusätzlich

geschützt durch Wald, gelangen die Reben zur Reife. Lediglich Pflanzenstärkungsmittel kommen zum Einsatz, sodass der Rebstock selbst genügend Abwehrstoffe bildet.

Der Weinbauingenieur Yves Sunnen strahlt Sicherheit aus, wenn er seine Philosophie verrät: Weinbau im Einklang mit der Natur. Ein Auxerrois schmeckt nach Auxerrois und sogar die Bodenbeschaffenheit der einzelnen Lagen erkennt man in den Weinen. Bei einer Verkostung im früheren Gärkeller bestätigt sich das. Zwischen ausgedienten Weinfässern lassen sich die unterschiedlichsten Noten von Pinot gris, Riesling, Elbling, Rivaner oder Chardonnay erleben, die einmal fruchtig, mit Frische und Eleganz, oder lieblich mit feinen Aromen von Muskat daherkommen, einige davon sogar ausgezeichnet im Guide Hachette. Der Crémant „L & F" aus Riesling und Chardonnay erhielt 2010 eine Gold- und Silbermedaille bei verschiedenen Wettbewerben.

Nach der Weinprobe bietet sich ein Besuch im neuen Shop unweit des Weinguts an. Mit sehr viel Liebe eingerichtet, wird hier jeder fündig. Es gibt alles rund um den Tisch, internationale Bioweine, Öl, Honig, Tapenaden, Stoffe, Bücher, Schokolade, Pralinen, Kaffee und auch Geschenkkörbe, individuell und nach eigenem Gusto gefüllt. Oder man ergeht sich ganz in der Nähe im Naturschutzgebiet Haff Remich.

Caves Sunnen-Hoffmann
6, Rue des Prés
L-5441 Remerschen
☎ 0 03 52 / 23 66 40 07
www.sunnen-hoffmann.lu

**Hotel Saint-Nicolas
Restaurant Lohengrin**

Gesunder Geist in einem gesunden Körper

◖¶ Perlhuhn nach Ausonius

*Das Rezept zur Spezialität des
Hauses finden Sie auf Seite 86*

Die Römer brachten die Weinkultur an die Mosel. Sie aßen gerne süß und scharf wie zum Beispiel Perlhuhn mit Dinkelbrei und Früchten. Lucien Houdremont serviert die Spezialität in antik anmutenden Essgefäßen. Vor dem geistigen Auge des Genießers entsteht der römische Feldherr, wie er sich auf einem Liegesofa genüsslich die Finger leckt. Überhaupt sorgt die Küche des Hauses für Überraschungen, etwa mit der Pochouse, einer Süßwasserfisch-Bouillabaisse oder einer Forelle blau mit Sauce hollandaise. Das Soufflé glacé Bergamotte betört mit den Duftstoffen der Zitrusfrucht. Wer möglichst viele der verführerischen Desserts probieren möchte, ist mit der Assiette Gourmande Lohengrin gut beraten.

Die Devise des Hausherrn: Die Zutaten nicht zu sehr bearbeiten, damit der Eigengeschmack zur Geltung kommt und ebenso wichtig, die Ästhetik auf dem Teller. Zu erleben beim Table du Sommelier, der jeden zweiten Samstag im Monat stattfindet. Der Gast erhält zum Sechs-Gänge-Menü eine Erklärung zu den passenden Weinen, immerhin vom zweitbesten Sommelier in Luxemburg.

Lucien Houdremont führt sein Hotel-Restaurant seit 1974. Nach der Meisterprüfung als Koch sammelte er in Frankreich und in der Schweiz Erfahrung. Kein Küchenchef könne ihm etwas vormachen, lächelt er verschmitzt.

Die verschiedenen Salons zeigen sich in unterschiedlichem Ambiente. Leise gedämpfte Stimmung lässt das Gefühl von Geborgenheit aufkommen. Schwäne ziehen auf der träge vorbeifließenden Mosel vorbei. Lohengrin, der Name des Restaurants passt hervorragend.

Ebenso hohes Niveau wie das Restaurant hat auch der Wellnessbereich des Hotels, gestaltet nach Erkenntnissen aus Feng-Shui. Bei der Vinotherapie stimulieren zermahlene Weinkerne die Haut, eine Traubenkernöl-Massage entspannt. Die anschließende Riesling-Traubenkur von innen macht die Sache perfekt.

Hotel Saint-Nicolas 🏠
Restaurant Lohengrin
31, Esplanade
L-5533 Remich
☎ 0 03 52 / 26 66-3
www.saint-nicolas.lu

Im Türmchen ist für alle gesorgt!

Gebratenes Zanderfilet
auf Trüffelrisotto an einer
Pinot-noir-Sauce

*Das Rezept zur Spezialität des
Hauses finden Sie auf Seite 86*

Direkt an der Mosel in Stadtbredimus gelegen, beeindruckt das Restaurant an der Tourelle mit seinem großen „Türmchen", unter dessen imposanter, weiß gestrichener Kuppel sich der große Gastraum befindet. 2006 übernahm Jean-Marie Hemmen das gut eingeführte Lokal. Mit der tatkräftigen Unterstützung seines jungen luxemburgischen Küchenchefs Jeff May ist es ihm gelungen, den Charakter des Restaurants weiter zu entwickeln.

Nachdem der Gast einen Aperitif zu sich genommen hat, kann er unter den Klassikern der luxemburgischen und französischen Küche wählen. Ein

Gewölbekeller steht Gruppen zur Verfügung. Bis zu 90 Personen haben im Restaurant Platz.

Ältere Generationen freuen sich, dass sie hier noch Gerichte aus ihrer Jugend wie Schweinsfüße, Kalbsnieren oder gebratene Blutwurst auf der Karte finden. Das jüngere Publikum greift eher zu Muscheln, Salaten oder mit Pastis flambierten Scampis. Kross gebratene Ferkelkoteletts, dekoriert mit Zwiebeln und Speck, sind ein Leckerbissen für die einen. Andere interessieren sich eher für die gebackenen Moselfische, die der Kenner mit den Fingern isst. Bei allen Gerichten kommt es Jean-Marie Hemmen darauf an, dass Fisch und Fleisch ihren Eigengeschmack behalten: „Die Sauce soll eigentlich nur eine Begleitung sein."

Die Weinkarte lädt ein, sich mit den Weinen der Domaines de Vinsmoselle, deren Verwaltungsgebäude neben dem Restaurant zu finden ist, vertraut zu machen. Direkt aus Stadtbredimus vom Primerberg stammt der Hauswein des Restaurants, ein Weißburgunder, ausgezeichnet als Grand Premier Cru. Etwas Besonderes sind die Weine Schengen Prestige, die höchsten Qualitätsansprüchen genügen. Ausführlich erklärt die Weinkarte auch die Weine der Jungwinzer der Domaines de Vinsmoselle, die mit der jeweiligen Fassnummer gekennzeichnet sind.

Restaurant an der Tourelle

12, Route du Vin
L-5450 Stadtbredimus
☎ 0 03 52 / 23 69 85 11
www.tourelle.lu

Großherzoglicher Hoflieferant – eine besondere Auszeichnung

Les Domaines de Vinsmoselle

12, Route du Vin
L-5450 Stadtbredimus
☎ 0 03 52 / 23 69 66-1
www.vinsmoselle.lu

Wer sich bei Schengen auf die Luxemburgische Weinstraße begibt, lässt den Alltag augenblicklich hinter sich. Auf 42 Kilometern begleitet den Weinkenner die Bandbreite aller Lagen der Luxemburger Mosel. Etwa 800 der insgesamt 1 250 Hektar nennen die Domaines de Vinsmoselle ihr Eigen. Das ist die Stärke der Genossenschaft: Sie kann aus dem Vollen schöpfen. So entstehen große Weine und Spezialitäten aus dem für die Mosel typischen Riesling oder aus Elbling, Auxerrois, Pinot blanc, Pinot gris und Gewürztraminer, ergänzt durch Pinot noir in rot, rosé und weiß.

Selektionierte Grundweine sind die Basis der Cuvées Poll-Fabaire, dem Crémant du Luxembourg, der ausschließlich in Wormeldingen entsteht.

In einer der gemütlichen Weinstuben in Wellenstein, Wormeldingen, Grevenmacher oder im Weinschiff der Caves du Sud Remerschen entdeckt man die harmonischen, rassigen oder eleganten Tropfen – für die Überraschung zu Hause stilvoll als Geschenk eingepackt.

Fünf Kellereien haben sich 1966 zur Genossenschaft Domaines de Vinsmoselle zusammengeschlossen, Remerschen, Wellenstein, Grevenmacher, die bereits 1921 gegründet wurde, sowie Stadtbredimus und Greiveldingen. 1988 kam Wormeldingen dazu.

Der technische Direktor sieht die Vorteile der Arbeitsteilung: „Unsere Winzer bauen die Trauben an, wir bauen den Wein aus, jeder Kellermeister verleiht ihm den letzten Schliff. So entstehen Spezialitäten wie Vendange Tardive, eine Spätlese aus vollreifen Trauben oder der Strohwein, eine seltene Rarität."

Seit 2008 gibt es die grenzüberschreitende Charta Schengen-Prestige. Winzer aus Deutschland, Frankreich und Luxemburg repräsentieren so gemeinsam den Schengengedanken. Strenge Rahmenbedingungen erfordern ein mehr an Arbeit für einen wesentlich geringeren Ertrag. Das Ergebnis kann sich sehen und probieren lassen.

Lebendige Geschichte, die man trinken kann

Die Familie Vesque, Eigentümer in siebter Generation des Cep D'or, des größten Weinguts Luxemburgs in Familienbesitz, datiert 1762 als das Jahr, in dem ihre Familie nachweislich die ersten Weinberge in der Umgebung bewirtschaftete. Wer im Cep D'or Weinseminare und Weinproben besucht, der kann deshalb auch viel erfahren über die Geschichte des Weins und natürlich darüber, zu welcher Gelegenheit welcher Wein zu genießen ist. Denn, so betont Jean-Marie Vesque, der interessanteste Wein kann sein Flair verlieren, wenn er beispielsweise statt als Aperitif zu einem schweren Essen gereicht wird.

Das Weingut Cep D'or baut zehn Rebsorten auf seinen Weinbergen an. Dabei werden die bevorzugt, deren Anbau sich über Jahrhunderte auf den zwei Böden, dem Keuper oben bei Schengen und dem Lehmboden weiter moselabwärts, bewährt hat. Vor allem sind das drei Burgunderarten, aber mit dem Auxerrois auch eine Traube aus der Burgunderfamilie, die man fast nur hier an der luxemburgischen Mosel finden kann. Da Cep D'or ausschließlich sortenreine Weine keltert, bleibt das Aroma der Trauben unverfälscht. Den leichten Auxerrois mit seiner moderaten Säure kann man gut bei Empfängen genießen, oder auch zu Schinken oder weißem Fleisch. In den letzten Jahren wurde Sekt immer gefragter, und so besteht heute bei Cep D'or 40 Prozent der Produktion aus Crémant: leichtere, fruchtige, die als Aperitif, und schwere, die zum Essen gereicht werden.

Die Besucher werden bei Cep D'or als erstes von einem imposanten Betonpavillion begrüßt, ein Werk des bekannten Luxemburger Architektenbüros Hermann & Valentiny. Dahinter befindet sich das große, luftig konstruierte Hauptgebäude, in dem sich eine Weinstube und ein größerer Raum für Gruppenveranstaltungen befinden. Überall hängen moderne Gemälde, denn neben den Seminaren veranstaltet Cep D'or auch zweimal im Jahr eine Vernissage. Wer erstmal schnuppern möchte, kann im Frühjahr oder im Spätherbst zum Tag der offenen Tür kommen.

Domaine Cep D'or
15, Route du Vin
L-5429 Hëttermillen
☎ 0 03 52 / 76 83 83
www.cepdor.lu

Den Duft von reifem Obst in die Flasche gezaubert

Nur mit reifem Obst, einer guten Vergärung und langsamem Brennen lasse sich ein erstklassiges Ergebnis erreichen, so die Devise von Margot Guillon. Das Wort Schnaps ist fast zu gewöhnlich für ihre Destillate. Das luxemburgische Drëpp oder Edelbrand eignen sich da schon besser.

In den 1960er-Jahren kam der Tropenveterinär Ed Dolizy nach den Kriegswirren in Belgisch-Kongo an die Mosel zurück und begeisterte sich für Obstanbau und die Herstellung von Bränden. Margot Guillon hat die Brennerei im Jahr 1998 von ihm übernommen und führt sein Erbe seitdem würdig fort. Sein Sohn Pit Dolizy, der Ehemann von Margot, kümmert sich um die Administration und unterstützt seine Frau besonders beim Tresterbrand, weil es sich dabei um schwere körperliche Arbeit handelt.

Der Brennerkessel wird mit Holz beheizt. Das sei nicht ganz einfach, die Temperatur müsse ständig kontrolliert werden, erklärt fachmännisch die Brennerin. So wird das Schnittholz der Obstbäume sinn-

voll genutzt und es riecht angenehm beim Arbeiten. Auf diese Weise entstehen Besonderheiten aus Steinobst und Kernobst oder aus Wildfrüchten aus dem nahen Wald. Ihr treuer Jagdhund Rig ist beim Einsammeln immer dabei. Spielend behauptet sich Margot Guillon in der Männerdomäne, was viele Auszeichnungen bei der Luxemburger Marque Nationale und in Deutschland bei der DLG beweisen.

Auf dem Wochenmarkt in Luxemburg-Stadt kann man ihre Schätze erwerben und natürlich in der urigen Probierstube unterhalb der Kirche von Ehnen. In den leergetrunkenen Gläsern ist noch deutlich die Frucht zu riechen, ein Beweis für außergewöhnliche Qualität. Wer direkt über der Brennerei in der gemütlichen Ferienwohnung wohnt, kann mehr als eine Sorte probieren, denn die Auswahl ist verführerisch. Nach Voranmeldung schafft der Tresterbraten mit Sauerkraut und Kartoffeln eine solide Grundlage und Pit überrascht mit kleinen appetitanregenden Amuse-Gueules.

Truffes à l'eau-de-vie de Kirsch

Das Rezept zur Spezialität des Hauses finden Sie auf Seite 87

Distillerie „Clos du Fourschenhaff"

4, Kiirchegaessel
L-5417 Ehnen
☎ 0 03 52 / 6 91 45 67 06
www.distillerie.lu

Domaine Mathes

Wein und kulinarischer Genuss gehören zusammen

🍴 **Hummer à la Luxembourgeoise**

Das Rezept zur Spezialität des Hauses finden Sie auf Seite 87

Schon von Weitem sieht man hoch über der Mosel die Kapelle. Sie steht auf dem Wormeldinger Koeppchen, einer der besten Lagen in Luxemburg. Zwei Hektar davon, ganz nach Süden ausgerichtet, gehören zur Domaine Mathes. Wärmespeichernde Steillagen mit klingenden Namen wie Heiligenhäuschen und Wousselt garantieren für exzellente Weine. Riesling stellt höchste Ansprüche an die Lage und spielt eine große Rolle auf dem Weingut. Es beeindruckt mit einer 100-jährigen Geschichte, jedoch fand vor 40 Jahren eine entscheidende Weichenstellung statt. Marcel Mathes begrünte die Rebzeilen und stellte die Bewirtschaftung auf niedrigere Erträge um. Seine Tochter Paule Hoffmann-Mathes und ihr Mann Jean-Paul führen diese Tradition fort.

Qualität sei nie ein Produkt des Zufalls, sagt die Winzerin Paule Hoffmann-Mathes. Man lasse der Natur ihren Lauf und verändere den Wein nicht. Eine Spätlese, die Vendange Tardive ist so nur in manchen Jahren möglich. Wie zum Beispiel 2010, als der Riesling Wormeldange Koeppchen 98 Öchsle aufweisen konnte.

Alle Auszeichnungen lassen sich gar nicht aufzählen. Nur so viel: In 2009 wurden vier Crémants eingereicht, ebenfalls ein Schwerpunkt des Gutes. Drei davon erhielten eine Goldmedaille. Der Erfolg bleibt das Geheimnis von Jean-Paul und seinem Kellermeister, die die Assemblage aus den Basisweinen zusammenstellen.

Ein gutes Händchen hat Jean-Paul auch beim Kochen. In seinen Kursen verhilft er zu außergewöhnlichen Geschmackserlebnissen. Getreu seiner Devise: Das Produkt muss besser als erste Wahl sein. Es beginnt mit einem Marktkorb, etwa gefüllt mit Pfifferlingen, Kalbfleisch, Fisch, Gemüse. Die Teilnehmer bestimmen, was daraus entstehen soll. Oder lassen sich bekochen. Mit gelegentlichen Abstechern in den Weinkeller, der durch eine Glasscheibe im Boden lockt.

DOMAINE MATHES 🏠
73, Rue Principale
L-5480 Wormeldange
☎ 0 03 52 / 76 93 93
www.mathes.lu

Weinanbau an der Mosel, Schnaps gehört dazu

Hoch über Niederdonven thront die Pfarrkirche. Von dort fällt der Blick auf das grüne hügelige Vorland des Moseltals und den Hof sowie die Distillerie der Familie Duhr-Merges. Deren Kühe weiden direkt unter den vielen Obstbäumen und lassen sich das saftige Gras der Streuobstwiesen schmecken.

Camille Duhr versteht sein Handwerk. Kein Wunder, ist doch die Brennerei seit 1862 in Familienbesitz. Bereits in der sechsten Generation setzt er die Tradition fort. Dass zum ersten Mal Whisky gebrannt wurde, ist seiner Vorliebe zu verdanken, gerne mal einen solchen zu trinken. In einem Luxemburger Moselfass, das zuvor Pinot blanc enthielt, reift fünf Jahre lang Rye-Malt-Whisky. Wenn sich der Geschmack im Gaumen langsam ausbreitet, kann man die Trauben noch erahnen. Mariette Duhr-Merges, die Ehefrau von Camille ist der kreative Teil der Familie und liefert stets neue Ideen. Sein Vater Nic arbeitet noch tatkräftig mit und unterstützt die junge Generation mit Rat und Tat.

Im Probierstübchen verhelfen einem die destillierten Köstlichkeiten zu immer neuen Geschmackserlebnissen. Wer möchte, bekommt dazu auf Vorbestellung Tresterfleisch aufgetischt, das im Tresterdampf gegart wurde. Stilecht auf Tischsets serviert, die aus den Auszeichnungen entstanden sind.

Reichhaltig ist das Angebot an Destillaten aus dem Hause Duhr. Zum Beispiel Tresterbrand im Holzfass gereift, der Vieux Marc, im Jahr 2010 in Metz mit einer Goldmedaille prämiert. Oder ein Himbeerschnaps mit Silbermedaille. Immerhin ausgewählt aus den Erzeugnissen von Schnapsbrennern aus Deutschland, der Schweiz, Italien, Österreich, Belgien, Frankreich und Luxemburg. Das Label „Marque Nationale" wird nur vergeben, wenn die Produkte ausschließlich aus Luxemburg stammen und den Maßstäben einer staatlichen Qualitätsprüfung genügen.

🍴 **Tresterparfait mit Traubensalat und Tresterschaum**

Das Rezept zur Spezialität des Hauses finden Sie auf Seite 88

🏠 Distillerie Agricole Diedenacker
9a, Rue Puert
L-5433 Niederdonven
☎ 0 03 52 / 26 74 71 08
www.diedenacker.lu

Rieslingtrauben wachsen auf Meeresgrund

Wer durch das Naturschutzgebiet Kelsbaach zwischen Grevenmacher und Machtum wandert, erfährt alles über Muschelkalk, Fossilien, Trockenmauern, Flora und Fauna. Idealer Endpunkt der Exkursion ist die Weinstube Deisermill. 2005 wurde sie direkt an die Felsen gebaut, auch um den Crémant des Weinguts Schlink hier zu lagern. Von der Terrasse oder geschützt durch die großen Panoramafenster geht der Blick über die imposante Machtumer Moselschleife. Der optimale Rahmen für einen guten Tropfen wie Crémant Jean Schlink, Chardonnay Machtum Hohfels und Pinot Noir Machtum Ongkâf, beide in Barrique ausgebaut, Pinot Gris „Arômes et Couleurs" Machtum Ongkâf, 2010 mit einer Silbermedaille ausgezeichnet.

Ein Highlight bilden die kulinarischen Abende. Spitzenköche von der Mosel bereiten verführerische Schlemmermenüs zu. Neugierig? Nach kleinen Appetithäppchen verwöhnen Hechtklößchen mit Flusskrebsen und Safran den Gaumen. Gefolgt von gegrillter Brasse mit Kräuterpüree und Saft von grüner Zitrone. Weiter geht es mit Ziegenkäse und einem Gourmet-Dessertteller. Natürlich wird dazu der passende Wein gereicht. Am besten lässt man sich einen Wein-Geschenkkorb zusammenstellen und probiert zu Hause mit Freunden weiter.

Riesling und Pinot gris bilden den Schwerpunkt der Spitzenweine von René Schlink und wachsen fast ausschließlich auf Lagen, die den ganzen Tag der Sonne ausgesetzt sind. 1911 wurde das Weingut in Machtum vom Großvater gegründet. Die Hauptweinlage Ongkâf ist seit 50 Jahren bekannt. „Wenn die Kunden früher Ongkâf bestellten, meinten sie Riesling", weiß René Schlink zu berichten. Seine neuen Riesling-Charta-Weine, die mit enormer Mehrarbeit, weniger Ertrag pro Hektar und starken Kontrollen entstehen, sind außergewöhnliche Tropfen. Selbstverständlich war seine Tochter Carole im Jahr 2009 Rieslingkönigin.

Wäistuff Deisermill
Caves Jean Schlink-Hoffeld
85, Route du Vin
L-6841 Machtum
☎ 0 03 52 / 75 84 68
www.caves-schlink.lu

Wer das Normale sucht, ist hier fehl am Platze

„Dem Jäger stets die Pirsch behagt, sei's auf den Hirsch, sei's auf die Magd" steht auf einem alten Metallplättchen, das Claude Wolff liebevoll in seine doppelläufige Büchse eingearbeitet hat. Völlig zerstörte Jagdgewehre entstehen unter seiner fachkundigen Hand wieder neu und alte Gravurtechniken lassen die Waffen einzigartig werden. Da muss der Abzugsbügel wenigstens aus Büffelhorn sein, in akribischer Handarbeit an das Gewehr angepasst.

Seit 1977 beschäftigt sich Claude Wolff mit Büchsen und ebenso intensiv mit Messern. Die haben ihn schon als kleiner Junge begeistert, erinnert sich der gelernte Büchsenmacher. Bei seiner Arbeit verfolgt er eine klare Linie, Genauigkeit ist oberstes Prinzip. Überhaupt fasst er Dinge nur an, von denen er weiß, dass er sie gut zu Ende bringen kann und deshalb entstehen keine halben Sachen.

Bemerkenswert seine Begeisterung für ausgefallene Materialien. Aus Nusswurzel, Büffelknochen oder dem Backenzahn eines Mammuts entstehen echte Unikate, Messergriffe, die wie angegossen in der Hand liegen. Oder er fräst das Konterfei des Grand-Duc aus einer alten Münze heraus und arbeitet es in den Griff ein. Wer sich eine Erinnerung an die Mosel mitnehmen möchte, greift zum Miseler Messer, einem Taschenmesser in höchster Qualität. Seine Klingen aus Damaszenerstahl mit ihren wunderschönen Maserungen schätzen Köche aus ganz Luxemburg und vertrauen Claude Wolff diese auch zum Schleifen an.

In seiner Werkstatt hat er alles, was er braucht: Fräsbank, Drehbank, Sägen, Schraubenzieher, Reibahlen, Feilen. Eine alte metallene Bettflasche, deren Naht undicht ist, wartet auch auf Reparatur.

In Mußestunden greift der Genussraucher gern zur Pfeife. Selbstredend, dass alle seine Modelle Besonderheiten sind. Wie die Pfeife aus Mooreiche, die eigens für ihn angefertigt wurde.

Wolff – Guns and Knives
Schiltzenplatz 2
L-6781 Grevenmacher
☎ 0 03 52 / 6 21 62 14 10
www.guns-and-knives.com

Ganz im Stillen entsteht Feines – hausgemacht

Das sonntägliche Kirchengeläute ist noch nicht verstummt, da zieht es die Leute aus dem Dorf in das Relais du Château de Betzdorf. In der gemütlichen Landgaststätte gibt es noch Gerichte aus der guten alten Zeit. So schmackhafte Suppen fände man nirgendwo, sagen die Dorfbewohner. Valentino und Josiane Ambrogi-Schroeder gehören fest zur Dorfgemeinschaft und bringen, wenn notwendig, einem Nachbarn das Essen auch nach Hause.

Es war Zufall, dass sie auf das Restaurant aufmerksam geworden sind. Sie nahmen die Gelegenheit beim Schopf, um ihr Können unter Beweis zu stellen. Die Eröffnung fand im Dezember 1994 statt und Hausgemachtes spielt seitdem eine große

Rolle. Selbstverständlich kocht für die Geflügelsauce der Königinpastete das Suppenhuhn einige Stunden auf dem Herd. Gut Ding braucht viel Weil'. Ebenso liebevoll verwandelt sich das wertvolle Fleisch der Galloway-Rinder aus der Region zu schmackhaftem Gulasch. Wer bei Kuttelfleck bisher skeptisch die Nase rümpfte, wird eines besseren belehrt. Paniert und frittiert, einfach göttlich. Die Liste der Gerichte lässt sich beliebig fortsetzen: Kalbskopf, Rinderzunge in Madeira-Sauce, Lammkoteletts, Judd mat Gaardebounen. Einmal im Jahr kommt Josianes Mutter ins Haus, um nach altem Rezept Blutwurst zuzubereiten. Freunde bestehen darauf, informiert zu werden. Eine Mousse oder ein selbstgemachter Kuchen stehen dagegen immer zur Verfügung und im alten Gewölbekeller unter dem Haus warten Weine, die auch hohe Ansprüche zufriedenstellen.

Josiane, die Seele des Hauses, hat beim Umsorgen ihrer Gäste das richtige Maß gefunden und informiert sie kompetent über die Köstlichkeiten der Küche. In der ungezwungenen familiären Atmosphäre kommt der zufällig vorbeikommende Wanderer mit dem Stammgast schnell ins Gespräch. Im Hintergrund das fröhliche Plaudern, das von einem Familienfest herrührt.

Feierstengszalot-Fleischsalat

Das Rezept zur Spezialität des Hauses finden Sie auf Seite 88

Relais du Château de Betzdorf
4, Rue de Wecker
L-6832 Betzdorf
☎ 0 03 52 / 71 07 41

Südfrankreich und Luxemburg – aufregend kombiniert

🍴 **Dacquoise mit Himbeeren auf einer Limetten-Mascarponecreme und Tonkabohneneis**

Das Rezept zur Spezialität des Hauses finden Sie auf Seite 89

Schon im zarten Alter von fünf Jahren stand Joël Schaeffers Berufswunsch fest. Sogar zu Fasching hat er sich als Koch verkleidet. Unterstützung gab es auch von zu Hause. Früh durfte er seiner Mutter in der Küche helfen. Und er isst gerne, obwohl man ihm das nicht ansieht. Alles ideale Voraussetzungen für eine glänzende Karriere, abgesichert durch seine Ausdauer und Geduld.

Heute ist er der jüngste Spitzenkoch in Luxemburg und konnte bereits auf dem Wettbewerb Bocuse d'Or sein Land vertreten. Gelernt hat er in der Provence und in der Champagne. Die gemachten Erfahrungen sind für ihn richtungsweisend und fließen in seine Speisen ein, oft interessant kombiniert mit regionalen Produkten, wie bei seinem Zander mit Pancettasauce oder gewürzt mit Piment d'Espelette. Joël Schaeffers Markenzeichen ist eine leichte Küche, mit viel Gemüse, Tomaten, Artischocken, Oliven, Mandeln – angereichert mit Birnen und Äpfeln aus der Region. Für ihn mache es keinen Sinn, gute Produkte zu verfälschen.

Wenn die Küche es hergibt, erfüllt er seinen Kunden individuelle Wünsche in gewohnter Spitzenqualität. Da genügt oft ein kurzer Anruf. Nie wird man bei einem gleichen Gericht dieselbe Beilage auf den Tellern finden. Je nachdem, ob er den Gast kennt oder was der Gast signalisiert, wird variiert. Standard langweilt ihn.

Seit 2005 ist sein Restaurant geöffnet. Liebhaber seiner Spezialitäten kommen sogar aus Amerika. Sei es für den Kaninchenrücken, gefüllt mit Pflaumen und Leber, umwickelt mit Speck und angerichtet auf einer Polenta – mit dem er viele Wettbewerbe gewonnen hat – oder seine Foie gras (Stopfleber) pochiert mit Amaretto, im Baumkuchenmantel, mit Quitten oder exotischen Früchten.

Unterstützt wird er dabei durch sein verlässliches Team, seine Familie und Freunde. So betreibt beispielsweise sein Vater den Shuttle-Service, der verantwortungsbewusste Gäste abends nach Hause bringt.

Restaurant Joël Schaeffer 🏠
1, Rue Haute
L-6680 Mertert
☎ 0 03 52 / 26 71 40 80
www.joel-schaeffer.lu

Die Kleine Luxemburger Schweiz ganz groß

In seinem dunklen Waldeskranz, / vom Frieden still bewacht, / so ohne Prunk und teurem Glanz, / gemütlich lieb es lacht, / sein Volk froh sich sagen kann, / und es sind keine leeren Träume, / wie wohnt es sich so heimelig drin, / wie ist es so gut zu Haus.

So lautet die zweite Strophe der Luxemburger Nationalhymne. Man spürt deutlich die Liebe zur großartigen Natur des Landes. In der Region Müllerthal mit seinem ausgeklügelten Wanderwegenetz erschließt sich dem Besucher eine geheimnisvolle Felsenlandschaft aus Sandstein. Auf lokalen Wanderwegen und dem Müllerthal Trail lassen sich alle landschaftlichen Besonderheiten der Region erkunden. Strecken mit unterschiedlichen Längen führen immer zum Ausgangspunkt zurück, einmal über die Höhen mit wunderschönen Ausblicken, zum anderen durch kühle dunkle Täler, wie das der Ernz Noire, der Schwarzen Ernz. Da findet jeder seine Route, angefangen vom Knirps bis zum rüstigen Rentner. Viele Unterkünfte haben das Potenzial erkannt und bieten Gepäcktransport an, sodass man die Schönheit der Region mit kleinem Rucksack erforschen kann und sich auch um die Brotzeit keine Sorgen machen muss. Sogar bei der Ausrüstung gibt es Unterstützung im Best-of-Wandern-Testcenter in der Heringer

Millen. Denn der Müllerthal Trail ist ein sportlicher Weg, es geht bergauf, bergab, über knorrige Wurzeln und auch mal über Felsen.

Namensgeber der Region sind die Mühlen des Müllerthals. Mehr als 80 Mühlen zählte man im 18. und 19. Jahrhundert. Allein am Lauterborner Bach lagen 13 Mühlen auf nur drei Kilometern. Manche von ihnen existieren noch heute, wie die bereits erwähnte Heringer Millen – gleichzeitig Besucherzentrum und Mühlenmuseum. Der Teufel hatte Hochkonjunktur, denn Müllern wurde früher nachgesagt, sie seien mit ihm im Bunde. Dass sie dank der Wasserkraft Tag und Nacht arbeiten konnten, machte sie verdächtig.

Die ersten Touristen kamen im 19. Jahrhundert aus den Niederlanden. Von ihnen soll der Beiname „Kleine Luxemburger Schweiz" stammen. Die mächtigen Felsformationen haben die Flachlandbewohner wohl an die Alpen erinnert. Zu dieser Zeit entstanden auch erste Hotels und Pensionen.

Wer die Straße verlässt, fühlt sich nach fünf Minuten wie im Urwald – ab jetzt nur noch begleitet von den Geräuschen der Natur. Beim gleichmäßigen Tritt über die gut gepflegten Wege verringert sich der Pulsschlag und Ruhe legt sich über den Wanderer. Zwischen den Felsspalten herrscht ein feines Mikroklima. Pflanzen, die es sonst nirgendwo auf der Welt gibt, locken Botaniker in die Region. Sogar das Magazin National Geographic war begeistert ob der raren Moose und Farne, die sich zwischen den Felsen bilden. Der Laie erfreut sich an den kleinen Pflänzchen, die sich in die Felsnischen drücken oder er entdeckt sogar Leuchtmoos.

Manche Wanderung führt durch meterhohe Felsspalten. Bei der „Kohlscheuer" ist eine Taschenlampe von großer Hilfe. Nicht nur um etwas Helligkeit in die höhlenartige Felsformation zu bringen, sondern um vielleicht endlich mal einen der vielen Geister zu Gesicht zu bekommen, die im Wald leben sollen. Kopflose große schwarze Männer, glühende Weibsbilder, Wichtel und Gespenster, die den Wanderern der Sage nach arg zusetzen oder sie in Angst und Schrecken versetzen können. Immer wieder sehen einem Fratzen und Gesichter aus den Felsformationen entgegen, was Felskletterer keineswegs abschreckt.

Entlang der Sauer, der natürlichen Grenze zu Deutschland lässt es sich trefflich Radfahren und auf diese Weise die Region erkunden. Entweder organisiert oder auf eigene Faust. Den hohen Wert der Natur haben die Müllerthaler erkannt. Mountainbike-Pisten sind deshalb so angelegt, dass die sensible Natur nicht zerstört wird.

Unterwegs schafft ein Besuch in einem der Schlösser Abwechslung. In Larochette oder Fiels, wie die Luxemburger die Stadt nennen, thront die Burg Fels auf einem ebensolchen majestätisch über dem Ort. Im Gegensatz zur Burg Beaufort, welche eher im Tal liegt, jedoch nicht weniger eindrucksvoll ist.

Abtei und Basilika prägen in Echternach, der ältesten Stadt Luxemburgs, das Stadtbild. Die engen Gassen laden ein, weitere Zeugnisse aus der Geschichte zu entdecken. Man tut gut daran, sich auf dem Marktplatz in eines der Cafés zu setzen oder sich auf einer der Bänke niederzulassen. Wie mag es 65 nach Christus hier ausgesehen haben, als die Römer sich ansiedelten? Wer bevölkerte den Markt, als 698 das Benediktinerkloster gegründet wurde? Wie entstand die romanische Basilika Anfang des 11. Jahrhunderts? Fragen rund um die Geschichte stellt man am besten bei einer der ausgezeichneten Stadtführungen oder man begibt sich in die Römervilla mit ihrem didaktischen Museum, wo Wachsfiguren Szenen aus dem Leben der Römer täuschend echt nachstellen. Bei einem Spaziergang entlang der Sauer trifft man auf das Zollhäuschen, stiller Zeuge der Grenze zu Deutschland.

Einmal im Jahr, am Dienstag nach Pfingsten, findet die berühmte Echternacher Springprozession statt, die ins Weltkulturerbe der Unesco aufgenom-

Larochette

men wurde. Pilger aus ganz Luxemburg, aus den Niederlanden und Deutschland springen mehr als vier Stunden nach einer festgelegten Schrittfolge durch die Stadt, unterstützt durch unterschiedliche Musikkapellen. An heißen Tagen bringt anschließend ein Spaziergang um den Echternacher See Abkühlung. Oder man labt sich an den Macarons mous d'Echternach, seit ewigen Zeiten nach geheimem Rezept hergestellt. Sehr weich und lecker sind diese Macarons ein ausgezeichnetes Mitbringsel. Ausgewählte Pâtissiers halten die Köstlichkeit bereit.

Im Winter kehrt Ruhe ein. Viele Unterkünfte haben geschlossen. Wer dennoch durch die Natur wandern möchte, findet auf jeden Fall eine Bleibe – und genießt die Stille, während er über die vielleicht schneebedeckten Pfade stapft.

Burg Beaufort

Marktplatz Echternach

mirabellen

kréischelen hambier

äerdbier

schwaarzbier

quetschen

Den Original mam "Royal" Laange vu Berduerf

Um Grill an der Pan

Laange Mëllerdaller

EMMER É GENOSS

Produits de viande WIETOR · L-6312 Beaufort

Tel. 83 64 85-1 · Fax 86 90 87

Wertschätzung regionaler Erzeugnisse

Die Initiative „Regional Produzenten Mëllerdall" wird immer bekannter, seit sich im Jahr 2005 Erzeuger aus dem Müllerthal zusammengeschlossen haben mit dem gemeinsamen Ziel: Vor Ort produziert – vor Ort konsumiert. 17 Produzenten sind es heute, die sich die Vermarktung regionaler Produkte auf die Fahne geschrieben haben.

Den Erfolg verdankt die Gruppe nicht nur dem geänderten Bewusstsein der Verbraucher, die Wert auf gesunde Ernährung legen. Bei regelmäßigen Treffen entwickeln die Produzenten kreativ und innovativ neue Produkte. So entsteht aus Holundersirup von Georges Schiltz und dem Joghurt aus Berdorf ein neuer köstlicher Holunderjoghurt oder die über die Region hinaus bekannte Grillwurst, der „laange Mëllerdaller". Wertvolles Wissen über die Herstellung von Produkten geht nicht verloren und es entsteht Qualität. Bestimmt hat jeder schon mal selbst erlebt, wie gut Wurst oder Käse direkt vom Bauern schmecken, oder das Fleisch von Schafen, die sich fröhlich auf der Wiese tummeln. Das schrumpft garantiert nicht in der Pfanne. Da schmeckt man die Landluft beim Essen und ist auch gerne bereit, etwas mehr zu bezahlen. Besonders weil man automatisch einen Beitrag zum Umweltschutz leistet, durch kurze Transportwege innerhalb des kleinen Landes oder der Region.

Fährt man zu einer der Verkaufsstellen werden die Wege noch kürzer. In der Metzgerei Wietor in Beaufort oder im Kulturhaff Millermoler in Girst werden alle Erzeugnisse unter einem Dach angeboten. Oder man nutzt den Müllerthaler Lieferservice innerhalb der Region. Gemeinsam mit Kindern wird der Einkauf zum Erlebnis: Ziegen streicheln und erfahren, woher die Milch und der Käse kommen. Bei einem Plausch im Laden entsteht direkter Kontakt zum Erzeuger. In aller Muße kauft man was man braucht, das erhöht die Lebensqualität.

Entschleunigen an der Untersauer

| Wer auf einer Radtour entlang der malerischen Untersauer am hellblauen Kulturhaff vorbeikommt, spürt sofort: Hier ist der ideale Ort für eine Pause. Auf der lauschigen Terrasse unter Bäumen serviert Familie Schiltz Kaffee, Kuchen, kleine Gerichte und Getränke. Mancher Wanderer macht hier Station und übernachtet in einem der freundlichen Zimmer. Abseits der Straße, inmitten von Streuobstwiesen ist Ruhe garantiert. Abends in der Lesestube begegnet er vielleicht dem Pilger, der auf dem Jacobsweg die nahe Girsterklause besucht und tauscht mit ihm Erfahrungen aus. Erholt und gestärkt durch das reichhaltige und vielfältige Frühstück geht es am nächsten Tag weiter. Besonders während der Apfelblüte ist der Weg zum nahe gelegenen Müllerthal Trail ein unvergessliches Erlebnis.

Jeder der aussteigen möchte aus dem Alltag, Abgeschiedenheit und Entspannung sucht, ist hier richtig. Etwa abends in der gemütlichen Teestube des 1938 errichteten und komplett renovierten Bauernhofs. Der Hausherr kann so manche Anekdote erzählen. Bei einem Glas luxemburgischen Weins oder einem landestypischen Bier sind die Mühen des Alltags schnell vergessen.

Regelmäßig wechselnde Ausstellungen können in der Kunstgalerie im ersten Stockwerk bewundert werden. Die Räume sind wie geschaffen für Seminare und andere Treffen. Durch die Fenster schweift der Blick über Wiesen und Wälder, ein Gefühl der Ruhe stellt sich augenblicklich ein.

Im kleinen, stilvoll eingerichteten Regionalladen sind nahezu alle Produkte lokaler Erzeuger erhältlich, aber auch viele weitere luxemburgische Spezialitäten. Sinnvoll ergänzt durch eine breite Palette an Bio-Lebensmitteln und fair gehandeltem Kaffee, Tee oder Schokolade. In Präsentkörben lassen sich die eigenen Favoriten als Gruß aus Luxemburg mit nach Hause nehmen und verschenken.

Kulturhaff Millermoler 🏠
13, Rue Girsterklaus
L-6560 Hinkel / Rosport
☎ 0 03 52 / 53 27 73
www.kumimo.lu

Äpfel und Holunder – Naturprodukte mit Potenzial

Hoch über dem Tal der Sauer liegt der Bongert, das luxemburgische Wort für Streuobstwiese. Gleich neben den alten knorrigen Apfelbäumen wächst in mehreren Reihen der Holunder. Hier liegt das Herz von Georges Schiltz. Hier hat er seine Wurzeln. Seit er sich erinnern kann, hilft er – wie die gesamte Familie – beim Aufsammeln der Äpfel, um daraus Viiz zu pressen, wie der Apfelsaft in Luxemburg heißt. Der Saft kommt ohne Zusatzstoffe in praktische Bag-in-Box-Verpackungen oder in klassische Mehrweg-Glasflaschen. Auf dem Etikett leuchtet – wie auch beim Apfelwein – der Name „Big Äppel". Natürlich ist Georges Schiltz Mitglied in der „Initiativ Bongert", einer Vereinigung, die sich für die Erhaltung der Streuobstwiesen stark macht. Unterstützt werden Nutzung und Absatz des Obstes, das gänzlich ohne Pestizide auskommt.

Die ersten Holunderbäume hat ursprünglich 2005 sein Bruder Charel gepflanzt. Als Projekt der Abschlussklasse in der Ackerbauschule wurden die Bäume gepflanzt und heute taucht der gesunde Vitamin-C-Spender mit den glänzenden schwarzvioletten Beeren bereits in Restaurants auf, die Wert auf regionale Küche legen. Ende Mai werden die Blüten geerntet. Bald nach der Ernte steht der gewonnene „Holua-Blütensirup" bereit. Mit Sekt oder Sprudel gemischt, passt das erfrischende Getränk ausgezeichnet in die Jahreszeit.

In Zusammenarbeit mit befreundeten Produzenten der Region Müllerthal entstehen ständig neue Kreationen: Holunderbeerenessig, Joghurt oder der überraschende Speedy, ein Likör mit Bio-TransFair-Kaffee der Moulin-Dieschbourg. Der Hof der Familie Schiltz, die seit vier Generationen Schnaps brennt, liegt unmittelbar neben dem Anwesen des Ingenieurs Henri Tudor und dem darin zu seinem Gedenken 2009 eröffneten Museum. Er ließ 1886 den Bleiakkumulator patentieren und hatte damit den Vorläufer der heutigen Batterie erfunden. Die Geschichte inspirierte daher zu dem Namen „Tudorsgeeschter" (Tudorsgeister) für die hochprozentigen Edelbrände.

Ab Hof sind alle Produkte erhältlich. Liebevoll auch in kleine Flaschen abgefüllt, geben sie ein außergewöhnliches Geschenk ab.

Georges Schiltz
Tudorsgeeschter
8, Rue Henri Tudor
L-6582 Rosport
☎ 0 03 52 / 6 91 74 25 70
www.tudorsgeeschter.lu

Moulin J. P. Dieschbourg

Besuch bei der „alten Dame"

In Lauterborn nahe Echternach in der Luxemburger Schweiz, plätschert das klare Wasser des Lauterborner Baches und treibt damit unermüdlich die Mühle an, die seit 1978 in der Hand von Jean-Paul Dieschbourg ist. Sonst eher nüchtern und genau, gerät er ins Schwärmen, wenn er sagt, dass die Mühle schon etwas sehr Besonderes sei. Seine Tochter Carole verstärkt seit 2007 das Mühlenteam, überzeugt davon, dass ein kleiner Betrieb nur durch Qualität und Transparenz überleben kann. Nach einem abgeschlossenen Studium entschied sie sich für die Mühle, weil sie die seit 1897

in der Familie herrschende Tradition fortführen möchte. Früher, wenn sie als Kind nach Hause kam und das Geräusch der Mühle nicht hörte, wusste sie, dass etwas nicht in Ordnung war. Wer neben einer Mühle wohnt, will hören, dass sie läuft.

Nun besuchen wir die „alte Dame", wie die Mühle liebevoll genannt wird. Durch vier Etagen geht es aufwärts. Harmonisch nebeneinander neue und alte Schrot- und Mahlstühle, Sichtungen und Schleudern. Die Walzenstühle werden per Hand eingerückt und präzise eingestellt, damit man ein bisschen näher an die Schale herankommt, was den Geschmack ausmacht. Vermahlen wird bei der konventionellen Produktion Getreide von Luxemburger Bauern, seit 2004 ebenfalls Biogetreide.

Die seit 1883 bestehende Tradition des Kaffeeröstens erlebt man in der neu eingerichteten Kaffee-Rösterei gemütlich bei einer Tasse Kaffee. Vielleicht entsteht gerade der bekannte Café BOURSY. Carole Dieschbourg fährt regelmäßig nach Antwerpen zum Importeur, um neue Kaffeesorten zu testen. Nach eingehender Prüfung entscheidet sie sich für Rohkaffee aus fairem Handel, immer öfter auch aus biologischem Anbau, der nicht nur ausgewählten Gastronomiebetrieben schmeckt.

Im Mühlenladen findet jeder seinen Kaffee, sein Mehl und andere Köstlichkeiten.

Moulin J. P. Dieschbourg
Lauterborn-Halte
L-6562 Echternach
☎ 0 03 52 / 72 00 36
www.moulin-dieschbourg.lu

Da gibt es nichts zu meckern

Reisen bildet – dieser Spruch hat sich bewahrheitet. Konnte doch René Schmalen bei einem Urlaub in Österreich vor 25 Jahren seine Begeisterung für die Käseherstellung entdecken. Heute bleibt wenig Zeit für Ausflüge. Auf dem nahe gelegenen Hammhaff, der vor einigen Jahren erworben wurde, wollen etwa 50 Kühe und doppelt so viele Ziegen versorgt sein. Im Herzen der Luxemburger Schweiz finden sie auf saftigen Wiesen ihr aromatisches Futter. Der neu eingerichtete Kuhstall bietet das Verwöhnprogramm schlechthin. An zwei Bürsten, deren Inbetriebnahme die Tiere schnell begriffen haben, lassen sie sich genüsslich das Fell reiben.

Unbehandelt wird die Vollmilch in der Käserei in Berdorf sofort verarbeitet. Alle Familienmitglieder, René und Siely Schmalen, Sohn Patrick und dessen Geschwister Nicole, Monique und Pascal, packen gemeinsam mit an. Ein Käsemeister und drei weitere Mitarbeiter sorgen mit ihnen für erstklassige Ergebnisse. Sohn Patrick kümmert sich hauptsächlich um die Tiere des Bauernhofs, der in Luxemburg Haff genannt wird.

Im Hofladen hinter der Theke steht Siely Schmalen, die Ehefrau von René und lockt seit 1990 mit köstlichen Käsesorten, frei von Konservierungs- und Farbstoffen. Möchte man alle Arten probieren, und der Wunsch entsteht augenblicklich, empfiehlt sich ein Urlaub in der Ferienwohnung auf dem Hof. Idyllisch am Wald und neben einem Teich gelegen, ist Ruhe garantiert. Nach ausgiebigen Wanderungen schmeckt dann eine Quiche mit dem Roude Bouf, oder man genießt den Miseler, auf Weintrester gereift, begleitet von einem der ausgezeichneten Weine der Luxemburger Mosel. Aus Joghurt, Quark oder Frischkäse kann dann sogar noch der Nachtisch gezaubert werden.

Vor der Abreise vertieft man seine Eindrücke mit einem Rundgang durch die Käserei, geführt von René Schmalen.

Haff Schmalen-Brouwer
2, Consdorfer Strooss
L-6551 Berdorf
☎ 0 03 52 / 79 03 78
www.berdorfer.lu

Überzeugen durch Qualität

Carlo Wietor, aufgewachsen in Beaufort, im Herzen der schönen Region Kleine Luxemburger Schweiz, weiß den Charme dieser naturbelassenen Gegend zu schätzen. Bereits 1979 entschied sein Vater sich, gerade dort einen Metzgereibetrieb aufzubauen. Als Carlo Wietor diesen im Jahre 2003 übernahm, setzte er sich das Ziel, hochwertiges Fleisch aus Luxemburg zu verarbeiten.

Nationale und regionale Produkte sind ihm wichtig und er arbeitet daher aktiv mit der Erzeugergruppe des Müllerthals zusammen. Voller neuer Ideen, die er erfolgreich umsetzt, reißt er andere mit seinem Elan mit. So entstanden gemeinsam mit David Albert vom Hotel-Restaurant L'Ernz Noire die „Laange Mëllerdaller", eine Grillwurst mit dem Berdorfer Käse „Roude Bouf" gefüllt und mit Speck umwickelt. Nicht nur im Geschmack unterscheidet sie sich von den üblichen Bratwürsten, sondern auch in der Größe, was den Genuss entscheidend verlängert. Kein Wunder, dass sie schnell zum Gourmet-Hit der Grillsaison aufstieg.

Nicht nur in der Metzgerei in Beaufort, sondern auch im Echternacher Geschäft wird auf Kundenwünsche eingegangen. Er selbst oder sein freundliches Personal informiert gerne über die typischen Spezialitäten wie „Kiirmeshaam" (geräucherter Schinken), Paté, „Bauerengelli", den „Beeforter Bengel" eine Salami mit Haselnüssen, oder die vielen anderen Wurstwaren nach Hausmacher Art.

Aber auch das Frischfleisch kommt nicht zu kurz. Besonders erwähnenswert ist hier das saftige magere Angusfleisch aus der Region. In der Wildsaison wird Fleisch vom Reh, Hirsch und Wildschwein angeboten, frisch am Stück, zerlegt oder sogar fertig zubereitet in Sauce, zum Aufwärmen.

Sein Hobby ist seine Familie, mit der er in seiner knapp bemessenen Freizeit gerne die Vorzüge des Luxemburger Landes sowie der umliegenden Regionen genießt und sich dabei von so manch Gesehenem inspirieren lässt.

Metzgerei Carlo Wietor
86, Grand-Rue
L-6310 Beaufort
☎ 0 03 52 / 26 87 64 85
www.wietor.lu

Liköre aus dem Renaissance-Schloss

Das Schlossgespenst verhält sich ruhig. Vielleicht wohnt es im unterirdischen Gemäuer, betört vom Duft des dunkelroten Likörs. Lediglich Johannisbeeren, reiner Alkohol und Zucker werden dafür verarbeitet, nach einem Geheimrezept des ehemaligen Schlossherrn Edmond Linckels, der das Elixier Ende der 1920er-Jahre zum ersten Mal kreierte. Er taufte es Cassero und machte es zu Lebzeiten in ganz Luxemburg bekannt. Lange Zeit führte seine Frau Anne-Marie Linckels die Produktion in seinem Sinne weiter. Sie lebt bis heute in den geschichtsträchtigen Mauern, um deren Erhalt sich ihr Mann stark verdient gemacht hat.

Stef und Jacqueline Kuijpers halten sich genau an das überlieferte Rezept und garantieren seit 2009 für immer gleiche Qualität. In der einzigartigen Produktionsstätte füllen sie den Likör in liebevoller Handarbeit in verschieden große Flaschen ab.

Im Pavillon der Burg sind außer dem Cassero auch hausgemachter Waldhimbeerlikör und edler Pflau-

menschnaps zu erwerben. Diese Naturprodukte, ohne chemische Zusätze, werden ebenfalls im Schloss hergestellt. Regionale Produzenten runden das Angebot mit feinen Obstbränden ab. In den Monaten November bis April, wenn das Schloss seine Pforten schließt, erhält man die Spezialitäten im Ort Beaufort in verschiedenen Verkaufsstellen. Entlang des Schlossweihers geht es auf den Müllerthal Trail. Wer den Blick zurückwendet, sieht das romantische Bauwerk sich im Wasser spiegeln.

In den Sommermonaten beleben verschiedene Veranstaltungen die Burg. Bei einer Führung wird den Besuchern das Wohnen und Leben im Mittelalter nähergebracht. In der Folterkammer tritt Gänsehaut auf. Ein Gläschen Cassero pur, mit Kirschwasser, Sprudel, Weißwein (Kir), Crémant (Kir Royal) oder heißem Wasser gemischt als Grog lässt sie schnell wieder verschwinden.

Château de Beaufort
26, Rue du Château
L-6313 Beaufort
☎ 0 03 52 / 83 67 56
www.liqueurs-du-chateau.lu

Apfelparadies im nördlichen Müllerthal

Heißer Apfel-Holunder mit Zimtsahne

Das Rezept zur Spezialität des Hauses finden Sie auf Seite 89

Eppeldorf hieß schon immer so, nicht erst seit die Familie Friederes ihre Apfelpresse gegründet hat. Das friedliche 176-Seelen-Dorf inmitten malerischer Landschaft ist umgeben von gesunden und kräftigen Apfel-, Zwetschgen- und Birnbäumen. Apfelsaftherstellung war schon immer Bestandteil der dörflichen Kultur. So entstand mit Hilfe der alten Traubenpresse in zeitraubender Gemeinschaftsarbeit der Saft für das traditionelle jährliche Apfelfest der Feuerwehr. Der gesunde Durstlöscher gewann an Beliebtheit und bald wurde über ein effizienteres Produktionsverfahren nachgedacht. Pit Friederes informierte sich über die Möglichkeiten und sein Bruder Jean-Paul setzte die Idee im Herbst 2008 um, die Eppelpress war geboren.

Jetzt werden in den Streuobstwiesen der Region wieder mehr Äpfel aufgesammelt. Durch die Pflege der alten Hochstammbäume und das Anpflanzen neuer Bäume bleibt das Landschaftsbild erhalten.

Voller Vorfreude liefern die Obstbaumbesitzer ihre Äpfel an. 300 Kilogramm Äpfel werden in nur einer Stunde zu köstlichem Saft, 100 Prozent rein, naturtrüb und ohne Zusätze. Professionell abgefüllt in modernen Bag-in-Box-Verpackungen mindestens ein Jahr haltbar, geöffnet und ohne Kühlung etwa zwei Monate.

Auch wer selbst keine Äpfel hat, braucht auf Genuss nicht zu verzichten, denn Obst ist reichlich vorhanden. Neben naturtrübem Apfelsaft bietet Familie Friederes auch interessante Kreationen an. Saft gemischt mit Möhren vom eigenen Feld, mit Holunderblüten aus den Eppeldorfer Wiesen und Feldern oder Beeren von den Müllerthaler Holunderbauern, mit Birnen, Kirschen und Sanddorn. Aufgereiht stehen alle Sorten zum Probieren bereit. Jeder Schluck eine Überraschung. Wem die Entscheidung schwerfällt, nimmt am besten mehrere Sorten mit. Naschkatzen werden die hausgemachten Marmeladen lieben oder den Holunder- und Holunderblütensirup.

Eppelpress
Beforterstraße 12a
L-9365 Eppeldorf
☎ 0 03 52 / 6 91 83 61 85
www.eppelpress.lu

Erfolgsgeschichte in kürzester Zeit

„Meine Ziegen sind wie Mimosen, sobald ein Tropfen vom Himmel fällt, zieht es sie in den Stall", schmunzelt Daniel Baltes-Alt, während er liebevoll das schöne Fell einer seiner Lieblinge krault. Ziegen spielen für ihn die Hauptrolle, natürlich neben seiner Frau Myriam und den vier Kindern, die mindestens ebenso viel Zuwendung benötigen. Jedes der Kinder hat natürlich eine eigene Ziege. Isabelle gehört zu Tochter Lena. Für die Umstellung auf Bio sei seine Frau die treibende Kraft gewesen, sagt der leidenschaftliche

Landwirt anerkennend. Auch im elterlichen Hof habe er immer nahe an Bio gearbeitet. Gesunde Ernährung ist der Familie wichtig, schon der Kinder wegen. 1995 wurde der Hof neu errichtet, ein ganz junges Unternehmen also. In einem Stall quieken ein paar temperamentvolle Schweine, die zum Eigenbedarf gehalten werden. An sie wird die Molke aus der Käserei verfüttert, perfektes Recycling. Innovationsgeist steckt hinter der Idee, Ziegenkäse herzustellen. Daniel Baltes-Alt hat sich daran festgebissen und der Erfolg gibt ihm recht. In seiner Verantwortlichkeit liegt die Milch bis zum Pasteurisieren. Danach sorgt eine Käsermeisterin für exzellente Ergebnisse. Reifen und Lagern müsse der Fachmann überwachen, damit der Käse die Qualität auch behält, betont der freundliche Landwirt. So entstehen viele schmackhafte Weich-, Schnitt- und Frischkäse und besonders Kuhmilch-Allergiker dürfen beherzt zugreifen. In den Regalen vieler Märkte und in Läden mit regionalen Erzeugnissen findet jeder seine Lieblingssorte. Immer offen für Neues, denkt der Hausherr über Eis nach, hergestellt aus Ziegenmilch.

Am Waldrand, unweit des Hofes äsen Rehe. Natur pur, soweit das Auge reicht. Familien mit Kindern sind in der Ferienwohnung auf dem Hof gut untergebracht. Sie wissen dann auch, woher Milch und Käse kommen.

Ziegenkäsequiche

Das Rezept zur Spezialität des Hauses finden Sie auf Seite 90

Biohaff Baltes-Alt
Um Suewel
L-9186 Stegen
☎ 0 03 52 / 80 37 70
www.biobaltes.lu

Perfekte Nutzung der regionalen Ressourcen

⫷⏽ Bachforelle gefüllt mit Pilzen

Das Rezept zur Spezialität des Hauses finden Sie auf Seite 90

Glasklar und eiskalt fließt die schwarze Ernz in Grundhof in die Sauer und dient als Namensgeber für das einladende Hotel-Restaurant. In kräftigem Terrakotta-Rot steht es am Eingang zum Müllerthal, zwischen Berdorf und Beaufort und eignet sich als Startpunkt für Wanderungen oder für eine Pause. Vor elf Jahren übernahm David Albert den gemütlichen Familienbetrieb von seinem Vater. Langjährige Gäste schätzen die familiäre Atmosphäre und fühlen sich im L'Ernz Noire zu Hause.

Auf der Speisekarte des Gourmet-Restaurants finden sich Menüs, die neugierig machen: Menü Passion, Gourmandise in acht Gängen. Mehr wird nicht verraten. Die Gäste überlassen sich ganz dem Feingefühl des kreativen Kochs. Das Menü Terroir überrascht mit Steinpilzsuppe, Ziegenkäse, Rehnuss mit Holundersauce und Himbeerparfait. Keinesfalls sollte man das Pilzmenü im Herbst verpassen. Da finden sich dann sogar Steinpilze in der Crème Brûlée. Mancher prominente Gast weiß das zu schätzen und genießt ungestört und zurückgezogen. Der gut geführte Weinkeller, wo 250 verschiedene Weine in der idealen Feuchtigkeit des Gemäuers lagern, lässt keine Wünsche offen.

Aber auch der zufällig vorbeikommende Wanderer tut gut daran, sich auf der Terrasse und im Wintergarten an Köstlichkeiten wie Forelle mit Riesling-sauce, hausgemachten Terrinen, hausgeräuchertem Lachs, Angusfilet aus dem Müllerthal oder leichten Salaten zu stärken.

Erfahrungen hat David Albert in Frankreich gesammelt und beim internationalen Wettbewerb Bocuse d'Or vertrat er Luxemburg im Jahr 2003. Mit Begeisterung kreiert er immer neue Speisen und regionale Zutaten liegen ihm besonders am Herzen. Er pflegt deshalb eine intensive Verbindung zu den Produzenten aus dem Müllerthal. Der Camembert für den Chèvre chaud auf der Karte beispielsweise kommt von einem Ziegenkäsehersteller aus der Nähe.

Hotel-Restaurant 🏠
L'Ernz Noire
2, Route de Beaufort
L-6360 Grundhof
☎ 0 03 52 / 83 60 40
www.lernznoire.lu

Burg Beaufort

Küche von Welt und familiäre Vertrautheit

Biegt man in Berdorf von der Hauptstraße ab und fährt in Richtung des Hôtel Le Bisdorff, begibt man sich tief in die Abgeschiedenheit der Müllerthaler Wälder. Im Haus von Sylvie Bisdorff genießt der Gast Ruhe, kulinarische Offenbarungen und familiäre Atmosphäre. Als Seele des Hauses ist sie immer für jeden erreichbar. Langjährige Gäste empfängt sie persönlich, der enge Kontakt zum Gast spielt eine große Rolle. Das treue Personal kennt alle Wünsche und alle ziehen gemeinsam an einem Strang. Das wissen auch berühmte Gäste zu schätzen, wie Gorbatschow, der russische Außenminister oder die großherzogliche Familie.

Wer morgens seine Runden im beheizten Schwimmbad dreht und anschließend die kleine Sauna nutzt, kann sicher sein, erholt aus dem Urlaub zurückzukommen. Unterstützt durch lange Wanderungen in der unberührten Natur, auf denen man meistens alleine unterwegs ist. Alle Zimmer sind barrierefrei und dem Gast stehen unterschiedliche Größen mit Balkon oder Jacuzzi zur Wahl.

Sylvie Bisdorff liebt die Jahreszeiten und gibt dies kulinarisch an ihre Gäste weiter. So serviert sie im Frühling die ersten Flusskrebse und im Sommer Hummer. Natürlich dominieren im Herbst die Pilze der Region und im Winter Wildgerichte.

In dem 1931 errichteten Haus führt die Ausnahmeköchin in der vierten Generation Regie. Privat

wohnt sie im etwa 200 Meter entfernten Ursprungshaus, in dem ihre Urgroßmutter 1890 eine Familienpension eröffnete. Fünf Zimmer mit fließendem Wasser, was damals absolut spektakulär war. Beim Table d'hôte reichte man ein Menü für alle Gäste und interessante Begegnungen und Gespräche entwickelten sich von selbst. Ihr Großvater bediente die Gäste noch in weißen Handschuhen und im Frack. Der Vater sorgte 17 Jahre lang als Koch am großherzoglichen Palast für kulinarische Genüsse. Bekannt als weltoffen, intelligent und belesen ist er heute noch in vielen Köpfen existent. Auch weil er sich für den Tourismus über die Landesgrenzen hinweg eingesetzt hat. Mit „Hummer à la Valentin Bisdorff" setzt ihm seine Tochter ein Denkmal. Alle luxemburger Gerichte hat sie von ihrem Vater gelernt. Angesichts dieser langen Tradition stellt sich ein Gefühl von Ehrfurcht ein.

Viele Antiquitäten erinnern an die alten Zeiten. Manchmal überlege sie, ob sie sich von den Stü-

cken trennen solle, aber es stecken so viele Erinnerungen darin, sagt die sympathische Hausherrin. In den Speiseräumen und im Salon herrscht dadurch gediegene Atmosphäre. Große Gruppen von bis zu 120 Personen oder kleine Treffen finden das passende Ambiente. Kluge Raumaufteilung ermöglicht den Sonntagsbrunch ebenso wie die intime Familienfeier.

Als junger Mensch hat ihr die Schauspielerei großen Spaß gemacht. Ihr Vater bestand jedoch darauf, erst einmal etwas Vernünftiges zu lernen. Als er plötzlich verstarb, war es für Sylvie Bisdorff selbstverständlich, einzuspringen. Zufrieden sagt sie, dass so ein Hotel täglich Bühne sei und sie hole sich die Kunst ins Haus, denn Kunst gehört noch immer zu ihrem Leben. Sehr zum Vorteil der Gäste, für die sie kulturelle Abende organisiert, Theaterensembles und Pianisten einlädt. Auch Kabarettabende und Lesungen fehlen nicht im Programm. An einem solchen Abend konzentriert sich der Gast zuerst auf die künstlerische Aufführung, danach plaudert und philosophiert er mit anderen über das Erlebte, etwa bei einem gastronomischen Buffet. Natürlich stammt ihr Lieblingsmaler aus Luxemburg, Fernand Roda. Er lebt in Düsseldorf und war Meisterschüler von Joseph Beuys.

Kochen hat für sie auch etwas mit Kunst zu tun und Überzeugung spricht aus ihr, wenn sie sagt, ein Grundwissen könne man erlernen, aber dann entscheidet man selbst, ob man ein Picasso werde, oder ein Anstreicher bleibe. Ihr neues Kochbuch gehört ebenso in die Kategorie Kunst. Großen Wert legt die erfahrene Köchin auf harmonisch angerichtete Teller, auch wenn es sich um einfache Gerichte handelt. Sie selbst ist in verschiedenen Stilrichtungen zu Hause. Einmal in der bodenständigen luxemburgischen, dann in der klassischen französischen Küche und den Spezialitäten wie Hummer, Flusskrebse und Wildgerichte. So viel wie möglich verwendet sie regionale Produkte in bester Qualität. Ihr Wahlspruch: „Wenn man es gerne macht, wird es gut."

In den ruhigen Wintermonaten, wenn das Waldhotel geschlossen ist, nimmt sich die leidenschaftliche Köchin Zeit für Reisen, am liebsten nach Asien. Dort holt sie sich Inspirationen oder probiert neue Gewürze aus. Begeistert spricht sie von der chinesischen Küche, die je nach Kanton sehr unterschiedlich sei. Inseln und Wasser haben es ihr besonders angetan und beim Schnorcheln bestaunt sie die Unterwasserwelt.

Trübe neblige Winterabende verbringt sie auch gerne zu Hause. Dann genießt sie die Zurückgezogenheit, hört Schubert und macht es sich gemütlich. Oder sie probiert mit Freunden neue Gerichte aus. Ihre Tochter ist dabei ein strenger Richter, auf dessen Urteil sie sich verlassen kann. Der Tisch wird fantasievoll und geschmackvoll gedeckt, für alle ein Augen- und Gaumenschmaus.

Kraft tankt Sylvie Bisdorff, wenn sie Zeit mit ihrer Enkelin verbringen kann. Sie widmet ihr jede freie Minute und betreut im Moment ein neues Projekt: Ausbau ihres Dachbodens als Spielbereich.

Hôtel Le Bisdorff
39, Rue Heisbich
L-6551 Berdorf
☎ 0 03 52 / 79 02 08
www.hotel-bisdorff.lu

Moderne Küche in altem Gemäuer

🍴 **Filetsteak mit gebratenen Steinpilzen und sautierten Tomaten**

Das Rezept zur Spezialität des Hauses finden Sie auf Seite 91

Heute gehen wir zum Pudel, sagen alte Echternacher, wenn sie das traditionsreiche Restaurant ansteuern. Das Wort bedeutet so viel wie Wasserpfütze und verrät, dass früher ein Ausläufer der Sauer am Haus vorbeigeflossen ist. In der ältesten Stadt Luxemburgs hatte fast jedes Gebäude seinen eigenen Namen.

Seit 1990 führt Alain Knepper in Hotel und Restaurant Regie. Mit Nachdruck betont der sympathische Echternacher, das Haus sei sein Leben. Morgens ist er der Erste der kommt, abends der Letzte der geht, immer für die Gäste da.

Im ersten Steakhouse in Echternach sind Steakliebhaber an der richtigen Adresse. „Wenn man ein gutes Stück Fleisch haben möchte, kommt man

Neben dem Restaurant liegt die Bar „Café am Pudel". Kuchen sucht man hier vergebens, denn Café bedeutet in Luxemburg so viel wie Kneipe. Jeden Freitagabend ab 22 Uhr bekommt der Mann am Klavier noch ein Bier. Er geht auf die Musikwünsche der Gäste ein, die fröhlich mitsingen.

Nach einer Nacht in den hochmodern renovierten Zimmern treffen sich beim Frühstück Trailer, Wanderer, Geschichtsinteressierte und Pilger und stärken sich für einen Besuch der nahe gelegenen Sehenswürdigkeiten oder steigen in den Müllerthal Trail ein, der genau an dem traditionsreichen Haus vorbeiführt.

Hôtel de la Sûre 🏠
Restaurant Steak-House
49, Rue de la Gare
L-6440 Echternach
☎ 0 03 52 / 72 94 40
www.hoteldelasure.lu

zu uns", verkündet Alain fröhlich lächelnd. Die Küche stellt jedoch auch andere Geschmäcker aufs Höchste zufrieden und selbst der Vegetarier geht nicht hungrig nach Hause. Alte Rezepte seines Vaters, der vor ihm das Haus als Spitzenkoch führte, kommen ebenfalls auf den Tisch. „Im Herbst ist hier absoluter Treffpunkt für Wildspezialitäten", so der stolze Inhaber. Warme Farben lassen im Gastraum Gemütlichkeit aufkommen und liebevoll erhaltene Details sprechen von alten Zeiten. Wie die Theke, die aus einem der ältesten Cafés in Echternach stammt.

Küche der Welt

Die Malerei und das Kochen liegen gar nicht so weit auseinander, denn zu beidem bedarf es eines großen Maßes an Kreativität. Und kreativ ist Laurentino de Jesus Ribeiro, der Küchenchef des GriMouGi in Echternach, der als Maler nicht nur die Wände seines Restaurants eigenhändig in Kiwigrün und Aubergine gestrichen hat, sondern von dem auch ein großformatiges, abstraktes Bild an der hinteren Wand hängt. Die Farben des Raumes und das gestreifte Logo des GriMouGi gehen in freier Assoziation auf die Gardine zurück, die als erstes angeschafft wurde.

Was an Delikatem im GriMouGi gekocht wird, lässt sich von der italienischen, französischen, portugiesischen und luxemburgischen Küche inspirie-

ren, um dann durch Ribeiro etwas ganz Eigenes zu werden. Freunde von Überraschungen kommen hier auf ihre Kosten, denn Ribeiro folgt gern spontanen Einfällen, wenn es zum Beispiel um die Beilagen geht. Je nach Tageslaune kann man dann gebratene Kartoffeln mit frischer Paprika oder aus dem Ofen mit Weißwein und Sahne bekommen, aber selbstverständlich auch eigene Wünsche äußern.

Bei den Hauptgerichten ist der Name GriMouGi Programm: Gri steht für Gegrilltes, Mou für Muscheln und Gi für französisch gibier, Wild. Rind, Lamm, Geflügel oder Fisch, auf langen Spießen gegrillt, sind die Hauptattraktionen des Restaurants und stehen immer auf der Karte. Muscheln und Wild werden nur in der entsprechenden Saison angeboten.

Eigenkreationen von Ribeiro sind zum Beispiel sein einseitig gebratener Lachs, wobei das rohe und das gekochte Fleisch zusammen eine völlig neue Geschmacksnote entwickeln. Oder sein halbes Hähnchen, das entbeint zunächst in Cachaça, einem Zuckerrohrschnaps, mariniert und dann im Ofen mit Knoblauch, Weißwein und Petersilie gebraten wird.

Ribeiro und sein Partner Silvino Monteiro wollen, dass alle gern bei ihnen essen. Deshalb sind auch die Preise moderat, und jeden Tag wird ein Mittagsmenü angeboten.

〈¶ **Kabeljaurücken auf Wakame-Croustillant, Lasagne von Wirsing und Kartoffeln mit Brunnenkresse-Salat und einer Knoblauchcreme mit Brokkoli und Saubohnen**

Das Rezept zur Spezialität des Hauses finden Sie auf Seite 91

🏠 **GriMouGi**
34, Rue du Pont
L-6471 Echternach
☎ 0 03 52 / 72 00 26
www.grimougi.com

Le Cigalon in Müllerthal im Müllerthal

🍴 **Lamm mit Thymiankruste**

Das Rezept zur Spezialität des Hauses finden Sie auf Seite 92

Viele Gäste kommen schon seit Jahren. Nicht nur angezogen von der Spezialität des Hauses: Lamm. Damit war Philippe Stoque sogar schon im Luxemburger Fernsehen. Der sympathische Franzose stammt aus der Auvergne und ist in der provençalischen, mediterranen Küche zu Hause. Cigalon bedeutet Zikade und erinnert an Südfrankreich, wo er drei Jahre in einem 3-Sterne-Restaurant gekocht hat. Seine Philosophie ist den Gerichten deutlich anzumerken: Kochkunst bedeutet, dass die Zutaten ihr Aussehen und ihren Geschmack behalten. Er demonstriert dies auf eindrucksvolle Weise. Marmelade aus grünen Tomaten, verfeinert mit Vanille, warmes Brioche-Brot oder Jakobsmuscheln an Steinpilzrisotto mit einer Schwarzwurzelemulsion lassen einem das Wasser im Munde zusammenlaufen. Bei der Symphonie du Cigalon, einer Auswahl von Desserts, lässt das keinesfalls nach.

Alle zwei Monate wechselt die Karte. Bestimmte Spezialitäten sind jedoch immer verfügbar. Feinschmecker reisen eigens für Schnecken oder gebratenes Lammkotelett in Thymiankruste an. Aber auch Wanderer, die auf dem Müllerthal Trail vorbeikommen, sind herzlich willkommen. Eine kleine Karte bietet Köstlichkeiten wie Salat mit Ziegenkäse, Forelle, Steak oder hausgemachte Gänseleberpastete und im Herbst natürlich Wild.

Die Pilze dafür sind selbst gesammelt, Kräuter rund um das Haus reichlich vorhanden. Größeren Gruppen werden nach Voranmeldung Wünsche erfüllt: Bouillabaisse mit zwölf Sorten Fisch, Spanferkel oder Choucroute.

Rita, gebürtige Müllerthalerin, sorgt für die Behaglichkeit ihrer Gäste, ob gemütlich am offenen Kamin oder im Restaurant. Jedes der elf Zimmer und die beiden Suiten haben ihren eigenen Charme, geschmackvoll gestaltet in harmonischen Farben. Seit 1982 hat das Ehepaar das Haus zur Wohlfühl-Oase entwickelt.

Le Cigalon 🛏
Hôtel-Restaurant
1, Rue de l'Ernz Noire
L-6245 Müllerthal
☎ 0 03 52 / 79 94 95
www.lecigalon.lu

Der Luxemburger isst gerne

Der Luxemburger nimmt sich gerne Zeit für ein gutes Essen und hat die Auswahl, denn auf kleinster Fläche findet er eine Vielzahl ausgezeichneter Restaurants.

Aus besten Zutaten schaffen fantasievolle Köche immer neue Kreationen. Oft ist Einfachheit Trumpf. Man erkennt den originären Geschmack der Produkte und genießt sie unverfälscht.

Traditionelle Gerichte wie Judd mat Gaardebounen (geräuchertes Schweinefleisch mit dicken Bohnen) sowie Bouneschlupp (Bohnensuppe mit Kartoffeln), oder Kniddelen (große Knödel aus Mehl, Wasser, Eiern und Salz) haben immer noch ihren Platz in der luxemburgischen Küche. Beim Nachtisch darf natürlich Quetscheflued (Hefekuchen vom Blech mit frischen Zwetschgen) nicht fehlen. Die Regionen sind stolz auf ihre Spezialitäten wie Ardenner Schinken, Fierkelsjelli (Schwein in Aspik), Éil am Riesling (Aal in Riesling gedünstet), Riesling-Pasteten und Kachkéis (Kochkäse). Nicht zu vergessen Krebse und Hechte sowie gebackene Fische aus Mosel und Untersauer. Da Wald über ein Drittel des Landes bedeckt, ist Wild überall Bestandteil der Speisekarte.

Größter Wert wird auf Qualität gelegt. So entstand das Label „Made in Luxemburg", das nur für Erzeugnisse verwendet werden darf, die in Luxemburg hergestellt wurden. Das Label „Marque Nationale" zeichnet überdies Produkte aus, die auch aus Luxemburg stammen. Die fortlaufend nummerierten Etiketten findet man auf Butter, Branntwein, Honig, Schweinefleisch, geräuchertem Pökelfleisch, Wein, Schaumwein und Crémant – immer unter strenger Kontrolle des Staates. So werden dem Verbraucher umweltfreundliche Produktionsbedingungen, artgerechte Haltung der Tiere und somit selbstverständlich ausgezeichnete Qualität garantiert. Damit aber nicht genug. Ein weiteres Qualitätsprogramm, „Produit du terroir", stellt sicher, dass die landwirtschaftlichen Produkte auch aus der Region kommen.

Die luxemburgische Küche wird durch die umliegenden Grenzländer beeinflusst. Entdeckungen, die die Köche in Frankreich, Deutschland und Belgien machen, fließen auf neue Art in die Rezepte ein. Aber auch mediterrane Erfahrungen aus Italien und Südfrankreich werden aufgenommen. Ein kulinarisches Schlaraffenland!

Bevor Sie im Land eigene kulinarische Wege gehen, kochen Sie selbst! Die folgenden Rezepte werden Sie auf den Geschmack bringen.

Perlhuhn nach Ausonius

🏛 Hotel Saint-Nicolas, Restaurant Lohengrin, S. 24

Zutaten für 4 Personen

Perlhuhn *1 Perlhuhn, ca. 1 kg* | *10 Knoblauchzehen* | *1 kg Reineclauden,*
Mirabellen oder Pflaumen | *4 Lorbeerblätter* | *100 g Olivenöl* |
Kardamom, Koriander
Puls (Früchtebrei) *500 g Schrot (z. B. Dinkel)* | *200 g Datteln,*
fein geschnitten | *100 g Rosinen* | *100 g getrocknete Aprikosen* |
50 g Mandelstifte | *1 Prise gemahlenen Pfeffer*
Gefüllte Datteln *500 g Datteln* | *100 g Walnüsse* | *100 g Pinienkerne* |
Honig | *Salz*
Dolce miste *500 g Mehl* | *Milch* | *100 g Honig* | *Pfeffer*

Zubereitung

Das Perlhuhn in mundgerechte Stücke schneiden, in Mehl wenden und
in Olivenöl kurz anbraten. Dann mit Knoblauch, Kardamom, Koriander und
Lorbeerblättern ohne Flüssigkeitszugabe 10 Minuten ziehen lassen und
auf einem Bett gedünsteter „Duederen" (Reineclauden, Mirabellen oder
Pflaumen) anrichten.
Für den Früchtebrei aus dem Getreideschrot einen geschmeidigen Brei herstellen. Mit fein geschnittenen Datteln, Rosinen, getrockneten Aprikosen sowie
Mandelstiften mischen. Mit einer kräftigen Prise gemahlenem Pfeffer würzen.
Für die gefüllten Datteln diese entkernen und mit grob gehackten Walnüssen
und Pinienkernen füllen. In Salz wenden und in Honig braten.
Für das Dolce aus Mehl und kochender Milch einen festen Brei herstellen. Milch
zugießen, bis der Brei eine gewisse Festigkeit hat. Den noch warmen Brei auf
ein mit Backpapier belegtes Kuchenblech gießen, mit einem Spachtel
2 Zentimeter hoch verstreichen und vollständig abkühlen lassen. Mit einem
Glas kleine Plätzchen ausstechen und in Öl backen. Mit Honig anrichten und
zusätzlich mit einer kräftigen Prise Pfeffer würzen.

💡 Dazu passt ein fruchtiger Pinot gris (Grauburgunder).

Gebratenes Zanderfilet auf Trüffelrisotto
an einer Pinot-noir-Sauce

🏛 Restaurant an der Tourelle, S. 27

Zutaten für 4 Personen

Fisch *600 g Zanderfilet* | *Fleur de Sel* | *Olivenöl*
Risotto *200 g Risottoreis* | *500 ml Geflügelbrühe* | *1 Zwiebel* |
150 ml Weißwein | *150 g geriebener Parmesan* | *200 ml Sahne* |
2 TL weißes Trüffelöl | *Olivenöl* | *Salz* | *Pfeffer*
Sauce *2 Schalotten* | *300 ml Pinot noir* | *300 ml Brühe* |
150 ml Sahne | *Etwas Mehl und Butter (Verhältnis ca. 3:2) für eine*
Mehlschwitze zum Abbinden | *Olivenöl* | *Salz, Pfeffer*
Dekoration *Rote-Beete-Sprossen* | *Lauchsprossen*

Zubereitung

Das Zanderfilet in 150 Gramm große Portionen zuschneiden und mit Fleur de
Sel beidseitig würzen. In etwas Olivenöl auf der Hautseite goldbraun anbraten.
Das Zanderfilet wenden und im Ofen bei 180 Grad 8 Minuten garen.
Für das Risotto die Zwiebel fein hacken und in etwas Olivenöl zusammen mit
dem Risottoreis anschwitzen. Mit dem Weißwein ablöschen. Brühe nach und
nach hinzufügen und köcheln lassen, bis der Reis al dente ist. Mit Sahne
aufgießen und geriebenen Parmesan hinzufügen. Mit Salz, Pfeffer und Trüffelöl
abschmecken. Bis zum Servieren warm halten.
Für die Sauce die Schalotten fein hacken und in etwas Olivenöl anschwitzen.
Mit dem Pinot noir ablöschen und einkochen lassen. Brühe hinzufügen und
nochmals langsam einkochen lassen. Sahne hinzufügen und einkochen lassen.
Mit einer Mehlschwitze bis zur gewünschten Konsistenz binden. Mit Salz und
Pfeffer abschmecken.

Anrichten

In einem Suppenteller 3 Esslöffel Risotto mithilfe eines Ringes zu einem Kreis
formen. Etwas Sauce um das Risotto geben. Das Zanderfilet wird vorsichtig,
mit der Hautseite nach oben, auf das Risotto gelegt.
Zur Dekoration Rote-Beete- und Lauchsprossen mischen und zu einer kleinen
Kugel formen. Die Sprossen vorsichtig auf den Fisch legen.

Truffes à l'eau-de-vie de Kirsch

Distillerie „Clos du Fourschenhaff", S. 35

Zutaten

500 g Sahne | 700 g beste Grand Cru Schokolade, 68 % Kakao |
75 – 80 g bester Kirschedelbrand | Schokolade für die Umhüllung |
Kakaopulver

Zubereitung

Die Sahne einmal kurz aufkochen, auf die Schokolade schütten und rühren,
bis die Schokolade schön glänzt. Den Edelbrand zur Ganache (Schokoladen-
Sahne-Creme) geben und unterrühren. Frischhaltefolie über die Schüssel
spannen und über Nacht bei 15 Grad stehen lassen. Am nächsten Tag mit einer Spritztülle die feste Creme in Reihen auf ein Tablett mit Backpapier spritzen.
Dann 10 Minuten in den Kühlschrank stellen. Mit einem warmen Messer die
„Würste" in Stücke schneiden. Für die Enrobage (Umhüllung), Schokolade
im Wasserbad schmelzen, aber nicht über 38 Grad. Die Stücke darin eintau-
chen und sofort in Kakaopulver wälzen.

💡 Schmeckt nur richtig gut mit ausgezeichneter Schokolade. Etwa aus
wilden Kakaobohnen aus Bolivien. Zum Beispiel Criollo (Cacao Sélection
Felchlin Grand Cru). Auch unterschiedliche Brände erzeugen interessante
Geschmackserlebnisse.

Hummer à la Luxembourgeoise

Domaine Mathes, S. 36

Zutaten für 4 Personen

4 weibliche bretonische Hummer à 600 g | 150 g Sellerie | 80 g Butter |
200 g Lauch | 70 cl trockener Weißwein | 80 g Karotten | 40 cl Sahne |
100 g Butter, geklärt | Salz | Pfeffer aus der Mühle | frischer Estragon |
Petersilie, frisch gehackt

Zubereitung

Das Gemüse schälen, putzen, waschen und im Mixer fein hacken.
Wasser in einem großen Suppentopf zum Kochen bringen. Die Hummer in
das kochende Wasser gleiten lassen, noch einmal aufkochen lassen und
dann 1 Minute kochen. Anschließend herausnehmen und abkühlen lassen.
Hummer zerteilen. Dafür die Scheren mit einem kleinen Schlag mit dem
Messerrücken aufbrechen und am körperinneren Gelenk abdrehen. Davon die
kleinere bewegliche Zange durch Hebeln und Drehen ablösen. Den Schwanz
abtrennen und in drei Stücke teilen. Den Panzer in zwei Teile zerlegen und den
Rogen herausschaben. Die geklärte Butter erhitzen und die Hummer anbraten,
mit Salz und Pfeffer würzen. Das Gemüse hinzufügen, öfter wenden und
3 Minuten dünsten. Mit dem Weißwein ablöschen, Estragon hinzufügen und
die Hummer mit Topfdeckel 15 Minuten langsam garen. Aus dem Topf nehmen
und warm halten.
Für die Sauce Sahne in den Topf gießen, und während 15 Minuten schön
reduzieren. Petersilie zufügen, Sauce abschmecken.
Einen halben Hummer pro Teller anrichten, Sauce darübergeben und servieren. Die vier restlichen Hälften werden als zweiter Service nachgereicht.
Guten Appetit.

💡 Dazu passt ausgezeichnet ein Riesling Wormeldange Koeppchen,
Grand Premier Cru, Domaine Mathes.

Tresterparfait mit Traubensalat und Tresterschaum

☐ Distillerie Diedenacker, S. 39

Zutaten für 4 Personen

Tresterparfait *100 g Rosinen* | *Zuckerwasser nach Belieben* | *Tresterbrand nach Belieben* | *3 Eigelb* | *3 ganze Eier* | *60 g Zucker* | *1 Vanilleschote* | *500 ml Schlagsahne* | *3 Eiweiß* | *1 EL Zucker*

Traubensalat *Trauben* | *Zuckerwasser nach Belieben* | *Tresterbrand nach Belieben*

Tresterschaum *1 Eigelb* | *1 EL Zucker* | *1/2 Eierschale, gefüllt mit Weißwein* | *Trester nach Belieben*

Zubereitung

Für das Tresterparfait die Rosinen über Nacht in Trester und Zuckerwasser marinieren.

Eigelb, Eier, Zucker und das Innere der Vanilleschote auf heißem Wasserbad schaumig aufschlagen. Anschließend auf Eiswürfeln kalt schlagen. Dann Sahne und Eiweiß mit dem Zucker jeweils zu Schnee schlagen. Abwechselnd unter die Eiermasse heben. Die marinierten Rosinen vorsichtig unterheben. In eine Form füllen und über Nacht einfrieren.

Für den Traubensalat Trauben waschen, halbieren und entkernen. Mindestens eine halbe Stunde in Trester und Zuckerwasser einlegen.

Für den Tresterschaum Eigelb, Zucker und Weißwein auf heißem Wasserbad schaumig aufschlagen. Wenn die Masse anfängt dick zu werden, ein bisschen Trester dazugeben und weiter aufschlagen. Zum Schluss noch 1 Minute ohne Wasserbad weiter schlagen.

Den Teller mit einem Weinblatt garnieren, 2 Scheiben Parfait darauflegen, mit den Trauben garnieren und mit dem Tresterschaum übergießen.

💡 Dazu passt ausgezeichnet ein Diedenacker Vieux Marc en Barrique Médaille d'Or 2010 oder ein Gewürztraminer.

Feierstengszalot – Fleischsalat

☐ Relais du Château de Betzdorf, S. 45

Der Feierstengszalot wird häufig aus erkaltetem Rindfleisch gewonnen, aus dem am Vortag eine Rindfleischbrühe gekocht wurde. Daher hier zuerst das Rezept für die Brühe:

Rindfleischbrühe – Relais du Château de Betzdorf

Zutaten für 4 Personen

Rindfleischbrühe *1 kg Rindfleisch (Mittelbug, Beinscheibe)* | *2–3 l Wasser* | *1–2 Stangen Lauch* | *1–2 Möhren* | *1/2 Sellerieknolle* | *1 Lorbeerblatt* | *2 Gewürznelken* | *2 Zwiebeln* | *Salz*

Zubereitung

Fleisch in kaltem Wasser langsam zum Kochen bringen. Beim Kochen bildet sich an der Oberfläche ein grauer Schaum von geronnenem Eiweiß, den man mit dem Schaumlöffel entfernt, um eine klare Brühe zu erhalten.

Das Fleisch 2 1/2 bis 4 Stunden mit Gemüse und Gewürzen langsam kochen. Eine schöne Farbe erhält die Brühe, wenn die Zwiebeln ungeschält hinzugefügt werden. Die so erhaltene Brühe wird abschließend durch ein feines Sieb passiert.

Fleierstengszalot – Fleischsalat

Zutaten für 4 Personen

Fleischsalat *500 g Rindfleisch, aus der Rindfleischbrühe* | *2 Zwiebeln* | *3 saure Gurken* | *Kapern nach Belieben* | *Salz* | *Pfeffer* | *Essig* | *Olivenöl* | *Senf* | *Petersilie* | *frischer Schnittlauch*

Anrichten *Ei* | *Sprossen* | *Tomate*

Zubereitung

Fleisch von Fett und Knochen befreien und in feine Würfel schneiden. Zwiebeln, Kapern, saure Gurken, Petersilie und Schnittlauch fein schneiden. Eine Vinaigrette aus Senf, Salz, Pfeffer, Essig und Öl vorbereiten. Alle Zutaten miteinander vermischen und etwas ziehen lassen. Auf einem Teller anrichten und mit gekochtem Ei, Sprossen und Tomaten verzieren.

💡 Dazu passen ausgezeichnet Bratkartoffeln.

Dacquoise mit Himbeeren auf einer Limetten-Mascarponecreme und Tonkabohneneis

Restaurant Joël Schaeffer, S. 46

Zutaten für 4 Personen

Tonkabohneneis *500 ml Crème fraîche* | *500 ml Milch* | *4 Tonkabohnen*
10 Eigelb | *125 g Zucker*
Mascarponecreme *200 g Mascarpone* | *50 g Zucker* | *2 Eigelb* |
Zesten einer Limette
Dacquoise von Pistazie *4 Eiweiß* | *100 g Mandelpuder* |
15 g Pistaziencreme | *125 g Puderzucker* |
Himbeersauce und Zuckerspirale zur Dekoration

Zubereitung

Für das Tonkabohneneis in einem Topf Milch und Crème fraîche zum Kochen bringen, die Tonkabohnen hineinbrechen. 30 Minuten ziehen lassen. Währenddessen in einer Schüssel die Eigelbe mit dem Zucker schaumig schlagen. Die Tonkabohnen absieben und die Mischung nach und nach auf die Eimasse schütten. Das Ganze wieder in einen Topf geben und auf exakt 82 Grad erhitzen. In einen kalten Behälter füllen und abkühlen lassen. In der Eismaschine 12 Minuten (je nach Gerät) gefrieren.
Für die Mascarponecreme in einer Schüssel die Eigelbe mit dem Zucker schaumig schlagen. Die Zesten der Limette hinzugeben und verrühren. Nach und nach den Mascarpone untermischen und im Kühlschrank aufbewahren.
Für die Dacquoise 1 Eiweiß mit der Pistaziencreme in einer Schüssel verrühren. 50 Gramm von dem Mandelpuder und 60 Gramm Puderzucker hinzugeben. Die restlichen Eiweiße zu Schaum schlagen und mit dem verbliebenen Puderzucker festschlagen. Dann die Eiweißmasse mit der Pistazienmasse vermengen. Die übrigen Zutaten unterheben. Das Ganze auf einem Backpapier glatt streichen (etwa 2 Zentimeter dick). In einem vorgeheizten Backofen bei 170 Grad etwa 20 Minuten backen.

Anrichten

Die Dacquoise in Rechtecke schneiden, auf jeden Teller eine in der Mitte anrichten. Mit dem Spritzbeutel die Mascarponecreme auf der Dacquoise anrichten. Die Creme mit frischen Himbeeren belegen. Eine Kugel Tonkabohneneis dazulegen. Mit frischer Minze und einer Zuckerspirale garnieren. Mit Himbeersauce servieren.

Heißer Apfel-Holunder mit Zimtsahne

Eppelpress, S. 66

Zutaten für 4 Personen

1 l Apfel-Holundersaft | *2 – 3 EL Honig* | *Zimt und Anis* | *4 cl Neelchesbiren-Schnaps oder ein anderer Birnenschnaps* | *400 ml Sahne* | *2 EL Zucker*

Zubereitung

Den Apfel-Holundersaft erhitzen, aber nicht kochen. Den Honig im heißen Saft schmelzen. Mit Zimt und Anis abschmecken. Dann den Birnenschnaps zugeben.
Die Sahne mit Zucker steif schlagen. Eine Prise Zimt untermischen.
Den heißen Apfel-Holundersaft in Gläser füllen und mit Schlagsahne verzieren.

Anstoßen und genießen!

Ziegenkäsequiche

📖 Biohaff Baltes-Alt , S. 69

Zutaten für 2–3 Personen *(Rezeptangabe für eine Tortenform Ø zirka 28 cm)*
*1 Pkt. fertiger Blätterteig | 100 ml Sahne | 100 g Ziegenfrischkäse, pikant |
60 g Ziegenschnittkäse, natur, gerieben | 250 g Kirschtomaten | 1 Bund
Rucola | 2 Eier | 1 TL scharfer Senf | 1 TL Zitronenabrieb | 1 Prise Muskat |
Salz | Pfeffer aus der Mühle | Fett für die Backform*

Zubereitung

Backform fetten und mit Blätterteig auslegen. Sahne, Ziegenfrischkäse,
geriebenen Schnittkäse miteinander verquirlen. Mit Salz, Pfeffer,
Muskat, Senf und geriebener Zitronenschale würzen. Etwas gehackten
Rucola unterrühren.
Die Masse auf dem Blätterteig verteilen, Kirschtomaten einsetzen.
30 Minuten bei 160 bis 170 Grad backen.
Nach dem Backen mit etwas frischem Rucola dekorieren.
Zur Quiche schmeckt ein frischer Salat.

💡 Man kann das gleiche Rezept auch sehr gut für kleine Amuse-bouche
   verwenden. Dafür schneidet man die Quiche einfach in kleine mundgerechte Happen.

Bachforelle gefüllt mit Pilzen

📖 Hotel-Restaurant L'Ernz Noire, S. 70

Zutaten für 8 Personen
*8 Forellenfilets | 500 g Pilze (diverse Waldpilze, Steinpilze oder normale weiße
Champignons) | 200 g weiche Butter | 50 g Schalotten | 20 g Petersilie |
Salz, Pfeffer | 8 Edelstahlringe, Durchmesser etwa 8 cm | Butter zum Einfetten
der Ringe*

Zubereitung

Forellenfilet mit Salz und Pfeffer würzen. Die Edelstahlringe gut buttern.
Die Forellenfilets mit der Hautseite nach außen in die Kreise legen.
Pilze, Schalotten und Petersilie fein hacken und mit der Butter vermischen.
Würzen mit Salz und Pfeffer. Mischung in die Ringe mit den Forellenfilets füllen.
Im Ofen bei 160 Grad etwa 10 Minuten backen lassen.
Fertig ist das Gericht.

Filetsteak mit gebratenen Steinpilzen und sautierten Tomaten

⌂ Hôtel de la Sûre, S. 78

Zutaten für 4 Personen

4 Steaks à 200 g | 3 rote und 3 gelbe Cocktailtomaten | 300 g Steinpilze | 50 g Schalotten | 100 ml Brühe | 50 ml Weißwein | 50 ml Sahne | 1 Kartoffel | Salz, Pfeffer

Zutaten

Steaks auf beiden Seiten anbraten und bei 140 Grad für 15 Minuten in den Ofen schieben.

Schalotten und 50 Gramm Steinpilze klein schneiden. Gemeinsam mit den Schalotten anschwitzen und mit etwas Wein ablöschen. Brühe und Sahne dazugießen und 5 Minuten köcheln lassen. Anschließend pürieren.

Den Rest der Steinpilze in Scheiben schneiden und kurz in Öl anbraten. Auf Küchenpapier abtropfen lassen. Die Tomaten in Olivenöl sautieren, mit Salz und Pfeffer abschmecken.

Die Kartoffel fein reiben und zu Stroh ausfrittieren.

Kabeljaurücken auf Wakame-Croustillant, Lasagne von Wirsing und Kartoffeln mit Brunnenkresse-Salat und einer Knoblauchcreme mit Brokkoli und Saubohnen

⌂ GriMouGi, S. 81

Zutaten für 4 Personen

Kabeljaurücken *1 Kabeljaurücken | 1 Knoblauchzehe | 1/2 Zwiebel, grob geschnitten | 1 Lorbeerblatt | etwas Paprikapulver, edelsüß | Mehl | Olivenöl, extra vergine | Salz, Pfeffer*
Wirsing-Kartoffel-Lasagne *4 Blätter Wirsing, blanchiert | 250 g Kartoffelpüree, nach Geschmack gewürzt*
Wakame-Croustillant *ca. 100 g Wakame (Braunalge) | 4 Blätter Filoteig | 1 Ei*
Knoblauchcreme *1 Knoblauchzehe | 1 kleiner Brokkoli | 200 g Saubohnen, gehäutet | 1 Bohnenkrautzweig | 20 g Butter | 1/4 l Weißwein | 125 g Crème fraîche | Je nach Geschmack Salz, Pfeffer*
Brunnenkresse-Salat *1 Bund Brunnenkresse | Olivenöl, extra vergine | Weinessig | Meersalz*

Zubereitung

Kabeljau in 4 Teile schneiden, mit Salz, Pfeffer und etwas Parikapulver würzen und mehlieren. Auf beiden Seiten bei mäßiger Hitze goldbraun in Olivenöl anbraten. Danach die Zwiebel hinzugeben. Knoblauchzehe und Lorbeerblatt dazugeben und bei 160 Grad etwa 15 Minuten im Ofen garen. Wirsingblätter und Kartoffelpüree abwechselnd zu einer Lasagne schichten und dann schön zurecht schneiden. Für das Wakame-Croustillant die Algen unter fließendem Wasser abspülen, kurz blanchieren, abtropfen und anschließend abkühlen lassen. Den Filoteig auf ein Backblech mit Backpapier legen, mit Ei bestreichen. Algen ansprechend darauf verteilen und bei 150 Grad im vorgeheizten Back-ofen circa 10 Minuten knusprig ausbacken.

Für die Creme die Knoblauchzehe fein geschnitten in einem Topf mit etwas Butter anschwitzen (Knoblach nicht verbrennen lassen). Mit Weißwein ablö-schen, Crème fraîche hinzugeben, alles aufkochen und einreduzieren lassen. Den klein geschnittenen Brokkoli und die Saubohnen in der Creme bissfest garen, mit Bohnenkraut abschmecken und nach Geschmack würzen.

Für den Brunnenkresse-Salat die Blätter abzupfen und kurz abspülen. Mit einer Vinaigrette aus Olivenöl, Weinessig und Meersalz vermengen.

Alles auf einem großen Teller anrichten.

Lamm mit Thymiankruste

⬚ Le Cigalon Hôtel-Restaurant, S. 82

Zutaten für 4 Personen

Thymiankruste *60 g Paniermehl* | *80 g weiche Butter* | *30 g geriebener Käse* |
1 Knoblauchzehe | *10 g Thymian* | *Salz, Pfeffer*
Lammkarree *1 Lammkarree* | *15 cl Madeirawein* | *3 Knoblauchzehen* |
15 g Thymian | *Butter* | *Salz, Pfeffer*
Lammfond *Lammknochen* | *2 EL Butterschmalz* | *1 Knoblauchknolle* |
1 Karotte | *1 Zwiebel* | *4 l Wasser* | *1 EL Tomatenmark* | *1/4 Lorbeerblatt* |
einige Zweige Thymian | *2 – 5 schwarze Pfefferkörner*
Gratin dauphinois *500 g Kartoffeln* | *500 ml Crème fraîche* |
Salz, Pfeffer | *1 Knoblauchzehe*

Zubereitung

Zutaten für die Thymiankruste im Mixer pürieren. Lammkarree entbeinen und
in 4 gleiche Stücke schneiden. Aus den klein gehackten Knochen den Fond zubereiten. Ofen auf 180 Grad vorheizen. Karotte putzen und in grobe Stücke schneiden, Zwiebel mit Schale ebenso. Knoblauchknolle mit Schale quer halbieren.
Knochen mit Butterschmalz in einer Saftpfanne verteilen, in den Ofen schieben
und 1 Stunde dunkelbraun braten (ab und zu wenden). Nach 40 Minuten das
Gemüse über die Knochen verteilen. Temperatur auf 250 Grad erhöhen. Alles
mehrmals wenden. Ofen ausschalten, Knochen noch 20 Minuten darin ruhen
lassen. Alles in einen großen Topf geben, inklusive des Fetts. Mit Wasser aufgießen. Die Saftpfanne auf eine Herdplatte stellen, stark erhitzen, Tomatenmark
zufügen, verrühren, kurz anbraten, mit Wasser ablöschen, aufkochen und mit
einem Holzlöffel loskratzen. Bratenfond zum Fondansatz gießen. Gewürze
hinzufügen. Auf kleiner Flamme etwa 4 Stunden simmern lassen. Danach den
Fond durch ein Sieb in eine Schüssel abseihen.
Einen halben Liter des Fonds mit Madeira, Knoblauch und Thymian einkochen,
durchmixen und mit Butter aufschlagen.
Die Lammfilets 3 bis 4 Minuten auf jeder Seite braten, Thymiankrustenmischung
darauf verteilen, dann 5 Minuten im vorgeheizten Backofen bei 170 Grad goldbraun überbacken.
Für das Gratin Kartoffeln schälen, in dünne Scheiben schneiden mit Crème
fraîche mischen, salzen und pfeffern.
Gratinform mit 1 Knoblauchzehe ausreiben und Kartoffelscheiben hineinlegen.
Bei 150 Grad etwa 1 Stunde im Backofen garen.

Hasenfilet mit frischen Pfifferlingen und Kniddelen

⬚ Tourist-Center Robbesscheier, S. 117

Zutaten für 4 Personen

Hasenfilets *2 Hasenrücken* | *100 ml Öl* | *1 Zwiebel* | *1 Möhre* |
Thymian | *Lorbeer* | *5 Petersilienstängel* | *1 Kaffeelöffel Wacholderbeeren* |
500 ml trockener Weißwein | *100 ml Sahne* | *30 g Butter* |
120 g Schweinenetze | *500 g frische Pfifferlinge* | *1 Knoblauchzehe* |
Salz, Pfeffer
Kniddelen (Knödel) à la luxembourgeoise *400 g Mehl* | *4 Eier* |
500 ml Wasser | *1 Prise feines Salz* |
50 g geräucherter Schweinespeck zum Anbraten der Kniddelen

Zubereitung

Die Hasenfilets entbeinen und säubern. Die Hasenknochen zerkleinern und in
einem Topf goldbraun anbraten. Zwiebel und Möhre klein hacken, Wacholder-
beeren im Mörser zerdrücken und alles hinzugeben. Mit dem Weißwein
ablöschen, 500 Milliliter Wasser, Thymian, Lorbeer und die Hälfte der Petersilie
hinzugeben. Den Sud langsam köcheln lassen. Die Hasenfilets salzen und
pfeffern, je in ein Schweinenetz einwickeln und in einer Pfanne goldbraun
anbraten. Den Sud filtern und in die Bratpfanne geben. Gut einkochen lassen
und mit Sahne und Butter verfeinern.
Die Pfifferlinge mit Butter, Knoblauch und der verbliebenen gehackten Petersilie anbraten und kochen, bis sie bissfest sind. Die Filets mit den Pfifferlingen
und der Sauce anrichten.
Für die Luxemburger Kniddelen aus den Zutaten (bis auf den Speck) einen
mittelfesten Teig zubereiten.
Löffel für Löffel den Teig in kochendes Salzwasser geben. 5 Minuten aufkochen lassen und mit kaltem Wasser abschrecken. Vor dem Anrichten die
Knödel in einer Pfanne in ein wenig Butter anbraten und gemeinsam mit
den gebratenen Schweinespeckwürfeln erwärmen.

Linsen- und Spelzsalat

📖 Manoir Kasselslay, S. 119

Zutaten für 4 Personen

Linsen und Spelzreis *50 g Bio-Linsen* | *50 g Spelzreis (Dinkel)* |
30 g frische Kräuter (z. B. Schnittlauch, Estragon, Petersilie, Kerbel) |
50 g eingelegte Cocktailtomaten | *50 g eingelegte Balsamico-Zwiebeln*
Vinaigrette *400 ml Sonnenblumenöl von der Our* | *100 ml Bieressig aus dem
Naturpark UewerSauer* | *1 kleine Zwiebel* | *1 kleine Schalotte* |
1 Knoblauchzehe, kleingehackt | *1 EL Ourdaller Senf*
Außerdem: *Salz, Pfeffer*

Zubereitung

Linsen und Spelzreis jeweils in einem Topf in kochendem Salzwasser etwa
10 Minuten garen, bis sie al dente sind. Wasser abgießen und Linsen und
Spelzreis abkühlen lassen.
Die Zutaten für die Vinaigrette vermischen, die Hälfte davon beiseitestellen.
Die andere Hälfte der Vinaigrette mit den Linsen und dem Spelzreis ver-
mischen, salzen und pfeffern. Mindestens 6 Stunden im Kühlschrank ruhen
lassen.
Zum Anrichten den Salat in die Mitte der Teller geben und mit saisongerechten
Kräutern, den eingelegten Tomaten und Balsamico-Zwiebeln dekorieren.
Restliche Vinaigrette über die Teller verteilen.

💡 Dieses Gericht wird meist als Vorspeise angeboten, eignet sich aber auch
als Hauptgericht.

Spargel mit Kalbsbries und Sauce Mousseline

📖 Les Ecuries du Parc, S. 123

Zutaten für 4 Personen

1 kg weißer Spargel | *1 kg grüner Spargel* | *500 g rohes Kalbsbries* |
250 g Wiesenchampignons | *1/8 l trockener Weißwein* | *1/4 l Sahne*
Sauce Mousseline *4 Eigelb* | *1 „Schluck" Weißwein* | *400 g Butter* |
1/4 l Sahne | *1 Zitrone* | *Cayennepfeffer* | *Salz*
Garnitur *1 hart gekochtes Ei* | *1 geschälte und entkernte Tomate* |
Schnittlauch

Zubereitung

Für die Sauce Mousseline die Eigelbe mit dem Weißwein, einer Prise Salz und
ein wenig Cayennepfeffer mit dem Handmixer im Bain-Marie schaumig
aufschlagen. Wenn die Masse schön schaumig und steif ist, vom Herd nehmen.
Die Butter schmelzen, klären und dann warm und langsam unter die Eigelb-
masse heben. Die Sahne steif schlagen. Den Saft der Zitrone zuerst, dann die
geschlagene Sahne darunterheben.
An der Ecke des Herdes bis zum Servieren warm stellen.
Den weißen Spargel schälen, bei dem grünen nur die unteren Enden entfernen
und getrennt in Salzwasser pochieren. Der Spargel sollte „al dente", also noch
bissfest serviert werden.
Das Bries im Gemüsesud sanft pochieren, nach etwa 30 Minuten rausnehmen
und etwas abkühlen lassen, dann putzen, parieren, in schöne Taler schneiden
und in Butter kross braten. Die Pfanne entfetten, die geviertelten Champignons
mit hineingeben, kurz anbraten, mit dem Weißwein ablöschen, kurz einkochen
und dann mit der Sahne verfeinern.
Den Spargel mit dem Bries anrichten und mit dem gehackten Ei, der in Würfel
geschnittenen Tomate und dem Schnittlauch garnieren. Die Saucen können
auf dem Teller oder nebenbei gereicht werden!

Schweinebacken mit Buchweizenkuppen

Château d'Urspelt, S. 125

Zutaten für 4 Personen

Schweinebacken *4 Schweinebacken* | *1 Zwiebel* | *1 Karotte* | *1 Stange Lauch* | *1 Knoblauchzehe* | *1 Flasche kräftiger Rotwein* | *Salz* | *Szechuan-Pfeffer* | *Piment d'Espelette*

Buchweizenklöße *200 g Buchweizenmehl* | *1/2 l Gemüsebrühe* | *100 ml Olivenöl* | *1 Rote Beete* | *1 Scheibe Foie gras von der Ente* | *Öl zum Braten und Anschwitzen des Gemüses*

Zubereitung

Das Fett und die Sehnen von den Schweinebacken entfernen. Die Zwiebel und die Karotte schälen und klein schneiden. Die Backen scharf anbraten und mit Salz, Szechuan-Pfeffer und Piment d'Espelette würzen.

Das Gemüse anschwitzen und mit dem Rotwein ablöschen. Die Schweinebacken gemeinsam mit dem Gemüse in eine feuerfeste Form legen und bei sehr kleiner Hitze, oder bei 85 Grad im Umluftherd, etwa 1 1/2 bis 2 Stunden garen.

Den Lauch putzen, waschen und in Streifen schneiden. Dann in Butter anbraten.

Die Gemüsebrühe aufkochen. Das Buchweizenmehl unterrühren. Die daraus entstehende Buchweizenmasse abkühlen lassen. Mithilfe einer Eiszange kleine Kuppeln formen (gleicher Arbeitsvorgang wie bei Herstellung von Windbeuteln) und nach eigenem Geschmack braten (in Olivenöl, Butter oder Schmalz).

Die Backen aus dem Ofen nehmen und den Bratensaft weiter köcheln lassen, bis er reduziert ist. Mit der Foie gras verbinden und mit Salz und Pfeffer abschmecken.

Um etwas Farbe beim Anrichten hineinzubringen, kann man das Gericht auf einem Rote-Beete-Spiegel servieren. Dazu Rote Beete kochen, pürieren und mit Olivenöl vermischen, bis eine mittel- bis dünnflüssige Masse entsteht. Damit den Tellerboden in Form eines Kreises sehr dünn ausfüllen. Auf den Schweinebacken die angebratenen Lauchstreifen dekorativ verteilen.

Niedrigtemperatur gegarte Basse côte vom Rind aus den Naturschutzgebieten Luxemburgs, mit Boudin noir, Foie gras und Rosmarinkartoffeln

Restaurant l'Ecuelle, S. 126

Zutaten für 4 Personen

750 g Basse côte vom Rind (Kammstück) | *1/2 Zwiebel, gewürfelt* | *2 Karotten, fein gewürfelt* | *1 Speckschwarte, gewürfelt* | *100 g Butter* | *100 ml Öl* | *300 ml Weißwein* | *Hühnerbrühe* | *1 Bouquet garni* | *Küchengarn* | *Demi glace* | *Salz* | *Pfeffer aus der Mühle* | *4 Scheiben Foie gras* | *4 Scheiben Boudin noir (französische Blutwurst)* | *4 Kartoffeln der Sorte Charlotte (vorwiegend festkochende Frühkartoffelsorte)* | *Gemüse nach Wahl* | *Salz*

Zubereitung

Backofen auf 55 Grad vorheizen. Das Rindfleisch parieren und anschließend mit Küchengarn binden, damit es beim Garen in Form bleibt. Das Fleisch auf allen Seiten kurz in einer Pfanne anbraten, sodass es Farbe bekommt. Danach in einen Schmortopf auf das Gemüse, das Bouquet garni und den Speck geben. Butter und Öl hinzugeben. Mit Weißwein und Hühnerbrühe begießen. Anschließend mit Salz und Pfeffer würzen.

Deckel des Schmortopfes schließen und bei trockener Hitze (55 Grad) für etwa 7 Stunden garen. In regelmäßigen Abständen Wasser angießen.

Das Fleisch nach dem Garen aus dem Bräter nehmen und warm halten. Den Bratensaft durch ein Sieb passieren und dann entfetten. Ein paar Löffel Demi glace hinzugeben und die Sauce einreduzieren lassen. Anschließend abschmecken und bei Bedarf nachwürzen. Die Kartoffeln kochen, schälen, dann mit Rosmarin und Butter in einer Pfanne anbraten.

Das Fleisch in eine heiße Pfanne mit einem Gemisch aus Öl und Butter geben, um ihm nach der langsamen Garmethode wieder eine schöne Farbe zu geben. Das Gemüse nach Wahl in Salzwasser garen. Boudin noir und Foie gras vor dem Servieren kurz anbraten.

Anrichten

Das Fleisch in dünne Tranchen schneiden und 2 bis 3 davon harmonisch auf einem Teller anrichten. Gemüse nach Wahl und Kartoffeln dazu anrichten. Dann auf je eine Scheibe Boudin noir eine Scheibe Foie gras legen. Den Teller mit Sauce nappieren und mit etwas Schnittlauch ausdekorieren.

Lammcarré auf Dinkelrisotto

Aux Anciennes Tanneries, S. 129

Zutaten für 4 Personen

Lammcarré *2 Stücke Lammcarré zu je 8 Rippchen* | *4 mittelgroße Tomaten* | *Thymian* | *Rosmarin* | *Honig* | *Cognac* | *Salz, Pfeffer*
Dinkelrisotto mit Gemüse *200 g Dinkelreis* | *2 mittelgroße Zwiebeln* | *150 g Möhren* | *150 g Sellerieknolle oder Schwarzwurzel (im Herbst kann das Gemüse auch durch frische Steinpilze ersetzt werden)* | *60 g Hartkäse* | *400 ml Wasser* | *75 ml Sahne* | *1 Lorbeerblatt* | *Petersilie* | *Salz, Pfeffer*

Zubereitung

Zuerst die Lammcarréstücke in einer Pfanne scharf anbraten, dann herausnehmen und in eine ofenfeste Schüssel legen. Auf beiden Seiten mit Salz, Pfeffer, Rosmarin und Thymian bestreuen. Mit einem Pinsel etwas flüssigen Honig auf die Fettseite auftragen. Die Tomaten neben die Lammcarrés legen.
Bei 185 Grad 15 bis 18 Minuten (rosé) oder 22 bis 25 Minuten (durch) fertig garen. Aus dem Ofen nehmen und etwas ruhen lassen. Den Bratensaft mit einem Spritzer Cognac abschmecken.
Für das Risotto die Zwiebeln fein würfeln. Den Dinkelreis zusammen mit den Zwiebelwürfeln in einem Topf auf niedriger Temperaturstufe kurz trocken anrösten. Das Wasser zugießen, Salz und Lorbeerblatt hinzugeben, kurz aufkochen lassen. Kleingewürfelte Möhren und Sellerieknolle oder Schwarzwurzel unter das Dinkelrisotto heben.
Anschließend das Ganze bei geschlossenem Deckel rund 15 Minuten bei mittlerer Temperatur köcheln lassen.
Den geriebenen Hartkäse und die Sahne unter das Risotto mischen. Nach Geschmack mit Salz und Pfeffer abschmecken und auf vier Teller verteilen. Mit klein geschnittener Petersilie bestreuen.

Anrichten

Die Lammcarrés in einzelne Rippchen zerlegen und je vier Stück auf dem Dinkelrisotto anrichten. Mit je einer Tomate garnieren. Den abgeschmeckten Bratensaft über die Rippchen geben.

Lammfilet im Oliven-Kräutermantel und überbackenem Kartoffelgratin

Maison Rouge, S. 134

Zutaten für 4 Personen

Lammfilet *800 g Lammfilet* | *50 g schwarze Oliven (ohne Kern)* | *50 g grüne Oliven (ohne Kern)* | *frische Kräuter (Petersilie, Basilikum, Rosmarin, Thymian, …)* | *2 Tomaten* | *1 Zwiebel* | *1 Knoblauchzehe* | *Parmesan, gerieben* | *Olivenöl* | *Rotwein* | *Salz, Pfeffer*
Kartoffelgratin *4 schöne Kartoffeln* | *1 Knoblauchzehe* | *1/8 l Milch* | *1/4 l Sahne* | *50 g geriebener Gruyère* | *Muskatnuss* | *Salz, Pfeffer* | *Butter zum Einreiben der Form*

Zubereitung

Für den Kräutermantel die Zwiebel und den Knoblauch schälen, fein hacken und in etwas Olivenöl leicht andünsten.
Tomatenfleisch (ohne Kerne) in kleine Würfel schneiden. Kräuter waschen und fein hacken.
Tomatenwürfel und Kräuter zu den Zwiebeln geben, mit Salz und Pfeffer abschmecken und 5 Minuten zugedeckt bei schwacher Hitze köcheln lassen. Oliven hacken (nicht zu fein) und zum Gemüse hinzufügen. Ein paar Minuten ziehen lassen und vom Herd nehmen. Bei Bedarf nachwürzen.
Das Lammfilet abtupfen, auf beiden Seiten würzen und in heissem Olivenöl anbraten (colorieren). Die Olivenmischung auf das Fleisch geben, Parmesan darüberstreuen und 4 bis 5 Minuten im auf 200 Grad vorgeheizten Ofen braten.
Das Fleisch aus der Pfanne nehmen und in Scheiben schneiden. Bratfonds mit einem Schuss Rotwein in der Pfanne lösen, aufkochen, passieren, abschmecken und über das Fleisch geben.
Für das Gratin die Kartoffeln schälen, waschen und in Scheiben schneiden. Abtupfen, wenn nötig. Knoblauch hacken und in Butter andünsten. Milch, Sahne, Pfeffer, Salz und geriebenen Muskat hinzugeben. Unter ständigem Rühren aufkochen und 1 bis 2 Minuten kochen lassen.
Feuerfeste Form (1 große oder 4 kleine) mit Butter einreiben, Kartoffeln schichtweise hineinlegen, würzen und mit der Milch übergießen. Mit Käse bestreuen und 20 Minuten bei 150 Grad goldbraun backen.

Bulgur-Flan im Gemüsemantel an Paprika-Dinkelsauce

📖 Bio-Restaurant NATURATA, S. 138

Zutaten

Bulgur-Flan *250 g Bulgur* | *400 ml Gemüsebrühe* | *2 Eier* | *2 Eigelb* |
40 ml Sahne | *40 ml Milch*
Gemüsemantel *100 g Karotten* | *100 g Zucchini*
Sauce *150 g Paprika-Mix* | *200 g Mascarpone* | *150 g Dinkel oder Weizen* |
1 Schalotte | *100 ml Sahne* | *Salz, Pfeffer* | *Paprikapulver*

Zubereitung

Für den Flan den Bulgur in Gemüsebrühe 3 Minuten köcheln und anschließend
zugedeckt etwa 15 Minuten ausquellen lassen. Durch ein Sieb gießen und
die überschüssige Brühe in einen Topf gießen. Karotten und Zucchini in feine
Streifen schneiden und 1 Minute in der gleichen Gemüsebrühe blanchieren.
Eier, Sahne und Milch mit dem Schneebesen aufschlagen und mit Salz, Pfeffer
und Muskat würzen. Die Masse durch ein Sieb passieren. Förmchen mit
Karotten- und Zucchini-Streifen auslegen. Bulgur mit der Eimasse vermischen
und in das Förmchen füllen. In einem Wasserbad von 75 Grad die Masse circa
40 Minuten stocken lassen. Förmchen stürzen und anrichten.
Für die Paprika-Dinkelsauce den Dinkel in der Brühe 20 Minuten köcheln,
ausquellen und absieben. Schalottenwürfel in Öl anschwitzen, dazu feine
Paprikawürfel geben und mit anschwenken. Dinkel dazugeben, mit Sahne und
Mascarpone auffüllen und leicht einköcheln lassen. Mit Salz, Pfeffer und
Paprikapulver abschmecken.
Den Flan nun mit der Paprika-Dinkelsauce servieren. Garnieren kann man auf
Gemüsestreifen, zu einem Ragout oder mit frischen Kräutern.

💡 Diese Sauce passt auch zu Pasta oder zu Reis. Durch das Getreide hat die
Sauce einen guten Sättigungswert.

Hirsch-Kotelett mit fünf Pfeffern und Lebkuchen

📖 Beierhaascht, S. 141

Zutaten für 4 Personen

4 Hirsch-Koteletts | *100 g Gewürzmischung 5 Pfefferkörner* | *50 g Butter* |
500 ml Crème fraîche | *200 ml Wildfond* | *1 EL Johannisbeergelee* |
Lebkuchen zur Dekoration

Zubereitung

Die Pfefferkörner zerstoßen. Die Koteletts salzen und mit leichtem Druck auf
den Pfeffer legen, um die Körner anhaften zu lassen.
In einer Pfanne Butter oder Öl erhitzen, die Koteletts bei großer Hitze braten,
bis sie durch sind. Die Koteletts anschließend zur Seite legen und mit Alufolie
zudecken.
Für die Sauce die Pfanne entfetten, Crème fraîche und Wildfond hinzugeben.
Reduzieren lassen, mit Salz abschmecken und Johannisbeergelee hinzugeben.
Dieses soll den Pfeffergeschmack etwas dämpfen.
Die Koteletts jetzt unter der Alufolie hervorholen und auf einem Teller anrich-
ten. Dann mit heißer Sauce übergießen.
Ein Stück Lebkuchen dekorativ auf den Teller legen.

💡 Dazu wird Rotkohl gereicht. Als weitere Beilagen kann man zwischen Pasta,
Spätzle oder Kartoffeln Ana (in runde Stücke geschnittene Salzkartoffeln)
wählen.

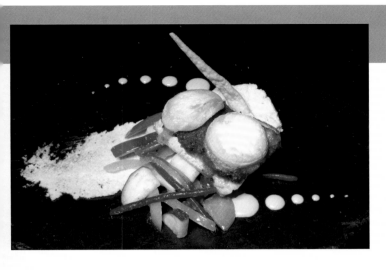

Filet de sandre gratiné au crottin de chavignol

Brasserie K116, Restaurant an der Kulturfabrik, S. 151

Zutaten

Zander *800 g Zanderfilet (Nettogewicht)* | *120 g Ziegenkäse, i.d.R. 2 Stück à 60 g (Crottin de Chavignol)* | *50 g getrocknete Tomaten* | *1 Schalotte* | *1 Knoblauchzehe* | *Öl* | *Salz, Pfeffer*
Polenta *50 g Polentagries* | *400 ml Milch* | *je 2 Zweige Rosmarin und Thymian* | *30 g Butter* | *20 g geriebener Parmesan*
Gemüse nach Geschmack

Zubereitung

Die getrockneten Tomaten, die Schalotte und den Knoblauch in sehr feine Würfel schneiden und anschließend in neutralem Öl anschwitzen.
Den Zander in vier gleich große Portionen schneiden, salzen und pfeffern, und dann kurz von jeder Seite anbraten. Dann den Zander mit der Tomatenpaste bestreichen und mit dem in Scheiben geschnittenen Ziegenkäse belegen.
Für die Polenta die Milch mit dem Rosmarin und dem Thymian aufkochen und etwa 10 Minuten ziehen lassen, sodass die Milch die ganzen Aromen aufnehmen kann. Anschließend die Kräuter wieder entfernen, Polentagries zugeben und unter ständigem Rühren fertig kochen. Zum Schluss noch die Butter und den Parmesan zugeben.
Zander 6 bis 8 Minuten im vorgeheizten Ofen bei 200 Grad fertig backen.
Das Beilagengemüse können Sie nach ihrem Geschmack auswählen und zubereiten.

Carpaccio und Tatar von bretonischen Langustinen mit grünen Bohnen und französischem Kaviar

Restaurant Clairefontaine, S. 157

Zutaten für 4 Personen

16 Langustinen 5/9 | *200 g grüne Bohnen* | *100 g Mayonnaise* | *30 g eingelegte Tomaten* | *20 g gehackte Schalotten* | *20 Blätter Ruccola* | *50 ml Sahne* | *Saft von 1 Zitrone* | *1 Karotte* | *1 Zwiebel* | *1 Bouquet garni* | *50 ml Olivenöl* | *4 runde, im Backofen getrocknete Scheiben Pain de mie* | *französischer Kaviar* | *Kerbel* | *Schnittlauch* | *Salz* | *Pfeffer aus der Mühle*

Zubereitung

Die Garnelen schälen und 4 Köpfe zur Dekoration beiseitelegen.
Die verbliebenen Köpfe zusammen mit Karotte, Zwiebel und dem Bouquet garni in Olivenöl anschwitzen, dann mit etwas Wasser auffüllen.
Alles zusammen einreduzieren lassen.
10 der Langustinen in sehr feine Scheiben schneiden und kreisförmig auf den Tellern anrichten.
Die grünen Bohnen in stark gesalzenem Wasser kurz blanchieren, in Eiswasser abschrecken und anschließend sehr fein würfeln. Die Tomaten und den Rest der Garnelen in kleine Würfel schneiden. Alles mit den Schalotten und 50 Gramm Mayonnaise vermengen und abschmecken.
Die verbliebene Mayonnaise mit etwas von der Krustentier-Essenz vermengen.
Die Sahne mit einem Schneebesen aufmontieren und mit ein wenig Zitronensaft, Salz und Pfeffer würzen.
Das Langustinen-Carpaccio mit etwas Mayonnaise bestreichen und darauf je 5 Ruccola-Blätter legen. Mithilfe eines Edelstahlringes das Tatar auf dem Carpaccio anrichten. Auf das Tatar nun je eine Scheibe des Pain de mie legen und mit einem Klecks Schlagsahne und etwas Kaviar abschließen. Zum Schluss mit einem Langustinenkopf und Kräutern ausdekorieren und mit ein wenig Krustentier-Essenz nappieren.
Sofort servieren.

Pot-au-feu-Hamburger mit gebratener Foie gras

🗒 L'Annexe, S. 158

Zutaten für 4 Personen

Hamburger *4 Scheiben Rinderschulter geschmort wie für ein Pot-au-feu* |
4 Hamburger-Brötchen mit Sesam | *1/2 Gurke* | *1 Tomate* |
4 Scheiben Foie gras | *40 ml Trüffelöl*
Dekoration *Ketchup* | *Balsamico-Creme* | *Lauchsprossen* | *glatte Petersilie* |
8 Schnittlauchhalme

Zubereitung

Für den Hamburger zuerst je 8 dünne Scheiben Gurke und Tomate schneiden.
Die Rindfleischstücke von jeder Seite etwa 1,5 Minuten anbraten.
Die Foie gras ebenfalls anbraten, aber nur etwa 1 Minute pro Seite.
Die Hamburger-Brötchen in der Mitte aufschneiden und für 1 Minute in den
auf etwa 180 Grad vorgeheizten Backofen geben. Sobald die Vorbereitungen
abgeschlossen sind, umgehend mit dem Hamburger-Aufbau beginnen.
Auf die untere Brötchen-Hälfte etwas Ketchup und je 2 Scheiben Gurke und
Tomate geben. Dann das Rindfleisch und dann eine Scheibe Foie gras
auflegen. Abschließend mit je etwa 10 Millilitern Trüffelöl nappieren und die
obere Brötchen-Hälfte auflegen. Erneut 2 Minuten in den vorgeheizten Backofen geben. Den Teller mit Balsamico-Creme und Ketchup nach eigenem
Geschmack dekorieren.
Den Hamburger mittig auf den Teller setzen und mit Lauchsprossen, je
2 Schnittlauchhalmen und Petersilie anrichten.

💡 Sie können zu diesem Burger sehr gut Salat und mit Selleriesalz gewürzte
Pommes frites servieren.

Lammschulter in Olivenöl und Rosmarin confiert

🗒 Les Caves Gourmandes, S. 161

Zutaten für 4 Personen

2 Lammschultern | *1 Bund Rosmarin* | *10 Knoblauchzehen* | *1 Karotte* |
50 g Bohnen | *50 g Erbsen* | *50 g Pastinaken* | *50 g Topinambur* |
1 Schalotte | *1 Bund Frühlingszwiebeln* | *500 ml Olivenöl* | *100 g Butter* |
300 g Kartoffeln | *Butterschmalz* | *Salz, Pfeffer*

Zubereitung

Die Lammschultern würzen und scharf anbraten. In den auf 120 Grad vorgeheizten Ofen geben und den Rosmarin, die Knoblauchzehen und das Olivenöl
zugeben. Weiter bei 120 Grad etwa 5 bis 6 Stunden garen lassen und regelmäßig mit dem Olivenöl übergießen.
Alles Gemüse waschen, putzen, klein schneiden und in kochendem Wasser
blanchieren. Die Schalotte würfeln und in Butter anschwitzen, das Gemüse
zugeben und sanft erhitzen, mit Salz und Pfeffer abschmecken und mit einem
Stück Butter und der geschnittenen Frühlingszwiebel verfeinern.
Die Kartoffeln schälen, waschen, vierteln und in Salzwasser einmal aufkochen
lassen. Abgießen und in Butterschmalz anbraten und ebenfalls mit Butter und
Frühlingszwiebel abrunden.
Gemüse und Kartoffeln auf einer Platte oder einem großen Teller anrichten,
Lammschulter darauflegen.

Sanft gegarter Kabeljau mit Blattpetersilie und Kaviar

Le Bouquet Garni, S. 162

Zutaten für 4 Personen

800 g Kabeljaurücken | *80 g Kaviar* | *200 g Blattpetersilie* | *200 g Spinat* |
50 ml Geflügelbrühe | *1 Knoblauchzehe* | *75 ml Olivenöl* | *1 Zitrone* |
Salz, Pfeffer

Zubereitung

Die Blattpetersilie und den Spinat waschen und 5 Sekunden in kochendem
Wasser blanchieren. In Eiswasser abschrecken. Gut ausdrücken und mit dem
gehackten Knoblauch anschwitzen. Die Geflügelbrühe zugeben und aufkochen
lassen. In einem Mixer das Ganze so lange pürieren, bis es zu einer feinen
Creme wird, und mit dem Öl aufmontieren.
Den Fisch in 4 Teile schneiden, waschen, abtupfen und mit Salz und Pfeffer
würzen. Die Zitrone in Scheiben schneiden und je ein Stück Kabeljau auf eine
Scheibe legen. Bei 70 Grad circa 10 Minuten in der Pfanne dünsten.
Zum Anrichten den Kabeljau auf den Teller legen, mit Kaviar belegen und
daneben das Petersilien-Blattspinat-Püree platzieren.

Gebratene Hühnerbrust auf Mango und Ananas mit Zitronen-Vinaigrette und Quinoa

Um Plateau, S. 167

Zutaten für 4 Personen

Huhn *4 Hühnerbrüste* | *Olivenöl* | *Salz, Pfeffer*
Quinoa *500 g schwarze Quinoa* | *50 g Karotte, gewürfelt (ca. 1 cm)* |
50 g grüne Zucchini, gewürfelt (ca. 1 cm) | *50 g Zwiebel, gehackt (ca. 1 cm)* |
30 g glatte Petersilie, gehackt | *Olivenöl* | *Salz, Pfeffer*
Zitronen-Vinaigrette *400 ml Olivenöl* | *50 ml Zitronensirup* |
50 ml Limettensaft | *50 ml Himbeeressig* | *20 g glatte Petersilie, gehackt* |
Honig nach Geschmack | *Salz, Pfeffer*
Zum Anrichten *1 kleine Mango* | *1 kleine Ananas* | *glatte Petersilie*

Zubereitung

Das Huhn mit Salz und Pfeffer würzen. Anschließend in Öl saftig anbraten.
Quinoa in gesalzenem Wasser 15 bis 18 Minuten kochen lassen. Man sollte
probieren, denn die Quinoa muss weich sein, aber nicht zerfallen.
Anschließend abtropfen und abkühlen lassen und dann in den Kühlschrank
stellen. Das gewürfelte Gemüse in Olivenöl anbraten und mit Salz und Pfeffer
würzen. Es sollte leicht knusprig sein.
Für die Vinaigrette Honig, Zitronensirup, Salz und Pfeffer vermengen. Dann
Essig und Limettensaft hinzufügen und mit Olivenöl aufmontieren. Zum Schluss
Petersilie hinzugeben.
Zum Anrichten nun die Quinoa mit dem angebratenen Gemüse vermengen.
Nochmal mit Salz und Pffer abschmecken und etwas von dem Dressing
untermischen. Mithilfe eines Anrichteringes auf einen Teller bringen und mit
etwas glatter Petersilie ausdekorieren.
Die Mango und die Ananas in kleine Würfel schneiden und um die Quinoa
geben. Nun die Hühnerbrust in Tranchen schneiden und auf das Obst legen.
Zum Abschluss mit der Vinaigrette beträufeln.

💡 Die Vinaigrette entfaltet ihr Aroma am besten, wenn sie bereits am
Vorabend zubereitet wird.

Burg Vianden

Vianden

Die Ardennen – überall ist Grün

„Alles, was man hier sieht, ist wunderbar" schrieb Victor Hugo während seines Exils im luxemburgischen Vianden. Und wie recht er hatte und hat. Wenn man die Grenze zu den Luxemburger Ardennen, hier Ösling genannt, bei Vianden überquert, ist man mitten in einem Märchen. Schon die kleinen Straßen durch die deutsche Eifel, die zur Grenze führen, lassen einen die übrige geschäftige Welt vergessen. In Vianden angekommen, wäre man nicht überrascht, wenn ein veritabler Ritter in seiner Rüstung zu Pferde durch die mittelalterliche Grand-Rue reiten würde.

Vianden besteht vor allem aus dieser von alten, liebevoll restaurierten Adels- und Bürgerhäusern gesäumten Straße, dem Renaissance-Rathaus und der imposanten Burg, die tausend Jahre alt ist und von der Luxemburger Großherzogsfamilie neu renoviert wurde. Sie ist ein beliebtes Ausflugsziel, das durch eine Seilbahn auch ohne steilen Aufstieg zu erreichen ist. Reste einer Ringmauer erinnern an die Vergangenheit Viandens als mittelalterliche Residenz.

Durch das Tal Viandens fließt die Our. Um die fast unberührte Natur in ihrem Tal zu bewahren, wurde 2005 ein Naturpark gegründet, der zweite in Luxemburg nach dem Naturpark Obersauer. Er arbeitet grenzübergreifend mit dem Naturpark Südeifel auf der deutschen Seite zusammen; beide bilden den ersten länderübergreifenden Naturpark Europas, den Deutsch-Luxemburgischen Naturpark. Es lohnt sich, von Vianden aus eben dieses wildromantische Ourtal flussaufwärts zu fahren und vielleicht bei Gemünd in den ausgeschilderten Wanderweg Nat'Our Route 3 einzusteigen. Beim Aufwärtssteigen um etwa 250 Meter über den Bachgrund eröffnet sich ein weiter Blick über die gewundenen Täler der Our und ihrer Zuflüsse. Und zum ersten Mal bekommt man einen Eindruck von der typischen Ardenner Landschaft, einer Schieferhochebene (540 bis 490 Meter NN), die immer wieder durch tiefe, von Flüssen eingegrabene Täler unterbrochen wird. Überall ist Grün. Denn die Hänge sind heute mit Buchen-, Eichen und Fichtenwäldern bedeckt, und auch oben auf den Hochflächen, die größtenteils gerodet wurden und aus Äckern, Wiesen und Weiden bestehen, sind immer wieder Wälder zu durchfahren. Erdgeschichtlich handelt es sich um die Rumpfflächenlandschaft eines alten Gebirgsmassivs, zu dem auch das Rheinische Schiefergebirge gehört.

Clervaux

Die Fahrt von Dasburg im Ourtal hoch auf die Ebene führt geradeaus direkt zum kleinen Ort Clervaux, der wieder tief unten im grünen Tal der Clerve liegt. Die große Burg im Ortsinneren beherbergt die weltberühmte Fotoausstellung „The Family of Man" des amerikanischen Fotografen Edward Steichen. Auch die neoromantische Pfarrkirche und die Benediktinerabtei, beide aus dem Jahre 1920, prägen mit ihren Türmen den kleinen Luftkurort.

Ein kleiner Abstecher in den nördlichsten Teil der Luxemburger Ardennen könnte nach Heinerscheid gehen. In dem auf der Hochebene gelegenen Dorf

kann man den Cornelyshaff besuchen, einen umgebauten Bauernhof, in dem die Naturparkbauern ihr eigenes Buchweizenbier (Wellen Ourdaller) brauen.

Südwestlich von Clervaux liegt Wiltz, die heimliche Hauptstadt der Luxemburger Ardennen. Sie ist mit ihren 4 500 Einwohnern die größte Stadt und besteht aus dem Ortsteil Niederwiltz unten im Tal der Wiltz und Oberwiltz, das auf einem Bergrücken liegt. Bereits im 11. Jahrhundert stand hier unten an der Wiltz eine Burg. Um die Mitte des 19. Jahrhunderts war Wiltz ein Industriestandort mit Papiermühlen, Webereien, Brauereien und Gerbe-

reien. Heute stellt der Tourismus die wichtigste Einnahmequelle dar.

In Oberwiltz locken den Besucher das Renaissance-Schloss, ein imponierendes Renaissance-Rathaus und ein malerischer Ortskern. Der Hexenturm an der Ostseite des Schlossgartens aus dem Jahr 1573 erinnert an die Hexenverbrennungen. Dort wurden die zum Tode verurteilten Hexen eingekerkert. Im Sommer zieht das Festival von Wiltz, das seit 1953 veranstaltet wird, viele Tausend Besucher an. Dann verwandelt sich die Frontseite des Schlosses mit ihren zwei Freitreppen in die Kulisse für die davor aufgebaute Freilichtbühne.

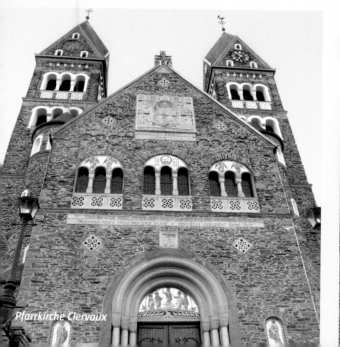

Pfarrkirche Clervaux

Ausstellung „The Family of Man" im Schloss Clerf

Esch-sur-Sûre mit seiner Burg

Von Wiltz aus ist ein Besuch im Naturpark Obersauer ein absolutes Muss. Am größten Stausee Luxemburgs, dem Mittelpunkt des Naturparks, kann man bei warmen Temperaturen herrlich baden. Er dient auch als Wassersportzentrum und überdies als Trinkwasserreservoir.

Wem der Sinn nach Kultur steht, begibt sich nach Lultzhausen, das direkt an der Fußgängerbrücke liegend, die beiden Seeufer miteinander verbindet. Dort haben sechs Bildhauer mit ihren Steinskulpturen einen Weg gestaltet, der in seinem Verlauf die Wendungen und Prägungen der Obersauer Landschaft vermittels des bearbeiteten Steins kom-

mentiert. Liebhaber solcher Kultur und Natur verbindenden Pfade finden in Hoscheid, einem kleinen nordöstlich gelegenen Ort, mit dem Auto durch die wilden Täler der Sauer in einer halben Stunde leicht zu erreichen, im dortigen Klangwanderweg ein anderes, spannendes Ziel.

Um die Besonderheiten der Obersaurer Region besser bekannt zu machen, schlossen sich die hiesigen Produzenten zusammen und vermarkten ihre Produkte gemeinsam. In der „Buttik vum Séi" in Heiderscheid, südöstlich vom Stausee, kann man unter dem Etikett „vum Séi" Tee, Fleisch und auch Gewebtes erwerben.

Aber zuvor ist ein Besuch im romantischen Ort Esch-sur-Sûre Pflicht. Nach der Fahrt durch einen engen Felstunnel eröffnet sich unvermittelt die Stadtsilhouette mit den alten Bürger- und Bauernhäusern, die sich in die enge Schleife der Sauer schmiegen. Darüber thront eine Burg mit zwei Türmen, wobei der ältere aus dem 10. Jahrhundert stammt. Ein Aufstieg ist der Mühe wert, denn der Blick von oben auf Esch-sur-Sûre ist wunderschön.

Schloss Wiltz

Sauer

Gelungene Symbiose zwischen Tradition und Technik

Das hätten sich Eugène und Marguerite Fischer nicht träumen lassen, dass es heute in vielen Orten Filialen der Fischer-Bäckerei gibt. Als sie im Jahr 1913 die erste Bäckerei in Diekirch eröffneten, spielten traditionelle Rezepte und erstklassige Zutaten bereits eine große Rolle. Ihr Sohn Joe Fischer begann mit der Einrichtung von Verkaufsgeschäften in ganz Luxemburg und hielt daran fest, nur Produkte aus dem eigenen Land zu verwenden. Heute führt Jacques Linster die Geschäfte in seinem Sinne weiter.

In den Cafés mit dem dunkelgrünen Logo werden Traditionen bewahrt. In der Faschingszeit findet man dort „Verwurrelter", Hefeteig zu einem Knoten geformt und in Öl ausgebacken. Zur Weihnachtszeit locken Boxemännercher und Marzipanstollen.

Boerli, Sauerteig-Baguette, Croissant Praliné, Pavolino oder Käsekuchen – die Wahl fällt schwer, angesichts der vielen Köstlichkeiten, die die Vitrine füllen. Mit seinem Lieblingsgebäck setzt man sich auf die Terrasse und genießt – umgeben vom Flair der mittelalterlichen Stadt. So erhält man allmählich eine Ahnung, wie sich die mächtigen Grafen von Vianden gefühlt haben mögen. Derart eingestimmt gerät der anschließende Stadtrundgang zum Vergnügen.

Im zentralen Produktionsbetrieb Panelux S.A. in Roodt/Syre haben die verschiedenen Teigsorten ausreichend Zeit zu ruhen und sich natürlich zu entwickeln. Jacques Linster steht für Innovation und kombiniert in den Backstraßen meisterliche Ingenieursleistung mit traditioneller Teigherstellung. Qualitätskontrolle und Hygiene haben ebenfalls größte Bedeutung.

Ganz ohne Handarbeit geht es natürlich nicht. Liebevoll entstehen individuelle Torten und Kuchen zu feierlichen Anlässen. Auch manche Gebäckstücke müssen in die richtige Form gebracht werden, wie zum Beispiel die Croissants. Da hat nur ein gelernter Bäcker den Bogen raus.

Fischer Mäsgoort
43, Grand-Rue
L-9410 Vianden
☎ 0 03 52 / 83 41 61
www.fischer.lu

Grillen mit Tradition

Im mittelalterlichen Städtchen Vianden hat jedes Haus seine Geschichte, so auch die Auberge Aal Veinen, eine rustikale Herberge am Fuße des Schlosses. Die Auberge, eines der ältesten Häuser Viandens, stammt aus dem Jahre 1683 und diente im frühen Mittelalter als Schlossschmiede.

Familie Hahn hat dieses Haus im Jahre 1981 erworben und von Grund auf mit den bereits vorhandenen Materialien restauriert. Der Schiefer, hier Gap genannt, sowie der naturbelassene Felsen in den verschiedenen Räumen dominieren die Atmosphäre in diesem alten Gemäuer.

Wo früher der Schmied das Eisen schmiedete, befindet sich heute ein Restaurant mit behaglichem Ambiente und rustikaler Gemütlichkeit. Auf dem ehemaligen Schmiedefeuer werden jetzt saftige Steaks und andere Fleischspezialitäten gegrillt und laden zum Schlemmen ein.

Das Haus ist landesweit bekannt für seine Grillspezialitäten, die mit einer Gewürzmischung zubereitet werden, deren Geheimrezeptur vom Großvater entwickelt wurde. Familie Hahn bezieht ihr Fleisch ausschließlich von einem einheimischen Schlachthof. Neben den Grillspezialitäten bietet die Küche außerdem eine große Auswahl an internationalen Gerichten.

Abgerundet wird dieses Fest der Sinne von einer reichhaltigen Auswahl an erlesenen regionalen und internationalen Weinen.

In den acht Gästezimmern kann man noch das alte Fachwerk und die Deckenbalken bewundern. Jedes Zimmer wurde im Jahre 2010 neu gestaltet und verbindet zeitgemäßen Komfort mit dem Flair alter Mauern.

Wer vom Grillfleisch nicht genug kriegen kann und die ländliche Gegend liebt, der kehrt in der zweiten Gaststätte der Familie Hahn in Wahlhausen, etwa zehn Kilometer von Vianden entfernt, ein. Die E'Slecker Stuff bietet Spezialitäten vom Holzkohlegrill, hausgemachte Pizzas und viele andere Spezialitäten mit exzellenten Weinen in einem angenehmen, rustikalen Rahmen, oder bei gutem Wetter auf der sonnigen Terrasse.

Auberge Aal Veinen s.à.r.l.
Beim Hunn
114, Grand-Rue
L-9411 Vianden
☎ 0 03 52 / 83 43 68
www.hotel-aal-veinen.lu

Where West meets East

Mitten in der mittelalterlichen Stadt Vianden am Rande der luxemburgischen Ardennen stößt man auf eine Rarität, die ihresgleichen sucht: das Ancien Cinéma Café-Club. Ein altes, seit den Siebzigerjahren des 20. Jahrhunderts aufgegebenes Kino hat neue Liebhaber gefunden und wurde am 11. Januar 2008 wieder eröffnet. Die Eigentümer, Maciej Karczewski und seine Frau, hatten sich in das 200 Jahre alte Haus verguckt und haben die Fassade denkmalschutzgerecht erhalten, die

Räume innen aber komplett entkernt und neu gestaltet.

Das Erbe des Gebäudes wurde gewahrt, indem sie zum Beispiel an den Wänden den Schiefer freilegen ließen. Aber bei der Decke des einstigen Kinosaales herrscht nackter Industrie-Beton vor, und alle Sessel sind Einzelstücke im Stil der 1960er-Jahre, die die Karczewskis über zwei Jahre auf Flohmärkten aufkauften. Die Lampen über der Bar, ehemals Scheinwerfer, die das Schloss von Vianden anstrahlten, tragen noch die Einschusslöcher aus dem Zweiten Weltkrieg.

Das Ancien Cinéma Café-Club versteht sich als Kulturzentrum, das sich vor allem der Begegnung von östlicher und westlicher Kultur widmet. Die Hälfte aller Veranstaltungen sind Konzerte, Jazz, Blues, Klassik. Dazu kommen Filmvorführungen und Ausstellungen, meist in Zusammenarbeit mit den jeweiligen nationalen Kulturinstituten. Filmliteratur und klassische Filmfotografie in einer feinen Auswahl kann man kaufen.

Die Speisekarte beginnt mit einem Gag. Sie ist in vier Kategorien aufgeteilt: Bio, Polnisch, Kinder und James Bond's Choice. Wer will, bekommt seine Drinks also geschüttelt, kann aber auch japanischen Whiskey und polnischen Wodka probieren. Wappnen gegen den Kater kann man sich mit den Desserts. Angeboten werden ausschließlich hausgemachte polnische Spezialitäten wie Sharlotka (Apfelkuchen) oder Sernik (Käsekuchen). Dazu passen Tee oder Kaffee, und hier gibt es neben der umfangreichsten Teekarte der ganzen Gegend auch italienische Kaffeespezialitäten in großer Auswahl, auf originale Art zubereitet.

Ancien Cinéma Café-Club
23, Grand-Rue
L-9410 Vianden
☎ 0 03 52 / 6 21 22 78 50
www.anciencinema.lu

Buff – was sonst?

Dr. Herman Boerhaave (1668 – 1738), der an der Universität Leyden eine Professur für Medizin, für Botanik und für Chemie innehatte und nebenbei 1720 die einzigartige Mischung aus exotischen Kräutern und Wurzelextrakten unter Berücksichtigung der damals neuesten medizinischen Erkenntnisse komponierte. Bis heute ist das Rezept geheim. Bittere Orange enthält der Buff, und die Bitterstoffe der Colombo-Wurzel, soviel verrät Jacques Pitz immerhin.

Seinen Namen bekam der Buff von Ludwig Buff, einem niederländischen Offizier, der das Rezept aufkaufte und ab 1876 in Echternach in seiner Firma herstellen ließ.

Heute wird der Buff unter Verwendung handwerklicher Methoden ausschließlich von der Firma Pitz-Schweitzer hergestellt, die ihren Sitz mitten in den Ardennen in Hosingen hat. Der Luxemburger trinkt ihn vor allem pur als Digestif, aber auch als Apéro, mit Sprudel aufgegossen.

Wer neugierig ist, kann in Hosingen im firmeneigenen Laden den Buff kosten und erwerben. Ansonsten gibt es ihn in Luxemburg in jedem Supermarkt zu kaufen, und seit Neuestem auch im Internet.

Welchen Glücksgriff er tat, als er 1935 das Patent für den Magenbitter Buff erwarb, hätte sich der Großvater von Jacques Pitz, dem heutigen Firmeninhaber in vierter Generation, nicht träumen lassen. Vielleicht ahnte er aber doch, dass er seiner Firma das entscheidende Profil geben würde, indem er den Buff zu seiner Produktion hinzufügte. Seit 1840 gab es das Unternehmen Pitz-Schweitzer schon, sie stellten und stellen erfolgreich Liköre, Schnäpse und Obstler her, darunter den Père Blanc, den ältesten Likör Luxemburgs (seit 1891), aber erst der Buff machte die Familie Pitz landesweit bekannt.

Sicher hängt es mit der ungewöhnlichen Rezeptur zusammen, dass der Buff heute eines der bekanntesten alkoholischen Getränke Luxemburgs ist. Sie geht zurück auf den Wissenschaftler

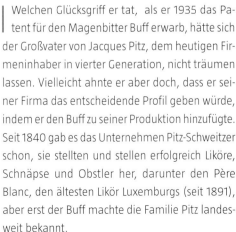

Caves & Distillerie Nationale
Pitz-Schweitzer

Z.A.E.R. op der Héi
L-9809 Hosingen
☎ 0 03 52 / 81 22 04
www.BUFF.lu

DISTILLERIE NATIONALE

Fournisseur de la Cour

ELIXIR DE MONDORF
MARQUE DÉPOSÉE

PITZ-SCHWEITZER
(Maison fondée en 1840)

ETTELBRUCK

BOERHAVE NATURALISTE

Quand l'estomac grogne, donne-lui du BUFF

Pfarrkirche

Schloss Clerf

Clervaux – überraschend und schön

Einem echten Schmuckstück gleich, liegt romantisch unten im Tal die mittelalterliche Stadt Clervaux im Herzen des Naturparks Our, inmitten der außergewöhnlichen Umgebung der Ardennen im Norden des Großherzogtums Luxemburg.

Herzstück und Zeuge der fast tausendjährigen Geschichte der berühmten Stadt Clerf ist die majestätische Ritterburg aus dem 12. Jahrhundert, die mitten im Ort liegt. Die mit Bedacht renovierten Burggebäude beherbergen drei Museen, darunter die berühmte Fotoausstellung „The Family of Man" des amerikanischen Fotografen Edward Steichen. Über dem Ort thront die mächtige Benediktinerabtei St. Mauritius (1910). Die zwei Türme der Pfarrkirche, ebenfalls aus dem Jahr 1910, runden die Stadtansicht von Clervaux ab.

Im Zentrum der Altstadt lädt ein angenehmes Fußgängerviertel zum Flanieren durch die Gässchen ein, in denen es zahlreiche belebte Geschäfte zu entdecken gilt.

In Clervaux und Umgebung kommen Naturliebhaber vollkommen auf ihre Kosten: Stadt und Land bieten wunderbare Natur-, Kultur- und Waldlandschaften. Hoch gelegene Dörfer mit Eichen- und Fichtenwäldern, welche die steilen Hänge bedecken, wechseln sich ab mit den Flusstälern der Our, Klerf und Wiltz. Diese im Hinblick auf Form und Farbe sehr kontrastreichen Landschaften stellen den typischsten Teil der Luxemburger Ardennen dar.

Dies ist ein echtes Paradies für Mountainbike-Fans, die hier herrliche, perfekt markierte Strecken mit verlockenden Kurven vorfinden, eine unvergleichliche Unberührtheit, eben eine noch weitgehend wilde Natur.

Zudem wird eine große Auswahl an kulturellen und sportlichen Aktivitäten angeboten. Gut beschilderte Wanderwege laden zum gemächlichen Gehen ein. Für den Golffan steht eine großartige Golfanlage mit achtzehn Loch zur Verfügung. Die kleineren Besucher erfreuen sich an der Minigolfanlage.

Sollte das Wetter einmal nicht mitspielen, so kann man ins Hallenbad gehen. Oder ins Kulturzentrum, wo es unter anderem zeitgenössische Fotoausstellungen zu sehen gibt. Die Hausbrauerei Cornelyshaff bietet Brauseminare an. Im Freilichtmuseum der Ardenner Pferde kann man Kutschfahrten buchen und anschließend regionale Produkte verzehren oder mit nach Hause nehmen.

Aus Tradition wird Attraktion

Hasenfilet mit
frischen Pfifferlingen
und Kniddelen

*Das Rezept zur Spezialität des
Hauses finden Sie auf Seite 92*

Alles begann 1989 mit der Idee, die alte Rasse der Ardenner Kaltblutpferde nicht vollkommen aus dem Landschaftsbild verschwinden zu lassen, nachdem jahrhundertelang die Felder mithilfe der Pferde bewirtschaftet wurden. Also schlossen sich mehrere Bürger der Gemeinde Munshausen und der vier umliegenden Dörfer zusammen und gründeten einen Fremdenverkehrsverein. Als erstes belebten sie den historischen Markttag aus dem 17. Jahrhundert wieder. Bis heute zieht er jährlich um die 10 000 Besucher an.

Aus dem Fremdenverkehrsverein ist über die Jahre ein großes Unternehmen mit drei Standorten geworden. Im Cornelyshaff, einem umgebauten alten Bauernhof, braut die Ourdaller Brauerei vier eigene Sorten Bier, die im dortigen Restaurant genossen werden können. In der Rackés Millen in Enscherange wird Getreide aus der Ernte hiesiger Bauernhöfe zu Mehl gemahlen. Dieses Mehl verwendet wiederum das Restaurant A Robbesscheier (In Roberts Scheune) beim Kochen und Backen. Hier in Munshausen, in Zentrum des Tourismusverbandes, kann man nach einer Fahrt mit der Pferdekutsche, einem Blick ins Bienenhaus oder auch einem Spaziergang über das sechs Hektar große Gelände köstlich speisen.

Die Angebote des Restaurants reichen von Hausmannskost bis zu Haute Cuisine, und die Portionen sind reichlich bemessen. Alles wird selbst hergestellt; die Rinderbrühe darf hier noch die ganze Nacht bei 90 Grad köcheln. Und die Zutaten sind so natürlich wie möglich. Meist sind es Produkte der Bauern aus der Umgebung. Das Rind- und Lammfleisch stammt von Luxemburger Herstellern. Auch große Gruppen können bewirtet werden: Im Restaurant finden bis zu 130 Gäste Platz, draußen auf der Grillterrasse noch einmal 60.

Nach dem leiblichen Genuss sollte man noch den Museumsshop über dem Café besuchen. Unter dem freigelegten Dach der ausgebauten Scheune kann man nicht nur die Handwerkskunst früherer Zimmerleute bewundern, sondern auch kulinarische Köstlichkeiten der Region wie Honig, Schnäpse oder Marmelade erstehen.

Tourist-Center Robbesscheier
1, Frummeschgaass
L-9766 Munshausen
☎ 0 03 52 / 9 21 74 51
www.touristcenter.lu

Essentielles und Erlesenes

Manoir Kasselslay, das „Restaurant mit Zimmern", wie Hans Poppelaars sein Haus nennt, liegt idyllisch und ruhig mitten im Dorf Roder, im Naturpark Our. Seit 2010 ist es Mitglied der Relais du Silence. Ganz in der Nähe befindet sich das Städtchen Clervaux mit seinem 18-Loch-Golfplatz. Hier, rund um Roder, zeigen sich die luxemburgischen Ardennen von ihrer schönsten Seite. Wälder, offene Hochebenen, tiefe Schluchten, zahlreiche Wanderwege, Stille, Kultur und Natur in harmonischem Einklang – eine Gegend, um länger zu verweilen.

Schon beim Eintreten ins Restaurant bemerkt man, dass hier mit Hingabe und Charisma ein faszinierendes Ambiente vom Ehepaar Poppelaars geschaffen wurde. Beide haben das Design auch selbst entwickelt und in Zusammenarbeit mit örtlichen Handwerkern ihren Traum realisiert. 2001 wurde das Manoir Kasselslay eröffnet und feiert so im Jahr 2011 sein zehnjähriges Jubiläum.

Als erstes fallen die intensiven Farben der Räume auf, die von der Natur um Roder herum inspiriert wurden: Die drei Gasträume sind jeweils in einem erdigen Beige, einem dunklen Rot und einem fröhlichen Gelb gehalten. Die Einrichtung ist modern und gemütlich, mit viel Holz. Auch die Bilder, die die Wände schmücken und deren Motive sich auf dem Cover der Speisekarte wiederholen, wurden im Sinne der Poppelaars von einem befreundeten Maler ausdrücklich für das Restaurant geschaffen. Bei gutem Wetter lädt die halbrunde, geschmackvolle Terrasse zum Sitzen und Genießen ein. Sie befindet sich hinter dem Haus, direkt im Grünen, sodass ein beschaulicher Aufenthalt garantiert ist.

Beim Geschirr legen die Poppelaars viel Wert auf die Wahl der Teller, Tassen und Gläser. So bekommt jedes Gericht einen besonderen Teller, dessen farbenfrohes Porzellan- oder Steingut-Muster mit den liebevoll angerichteten Speisen korrespondiert.

Auch die sechs Gastzimmer, nach Kräutern benannt, sind individuell komponiert und großzügig geschnitten, und gehen nach hinten auf den Garten oder zum Naturpark hinaus, damit Ruhe garantiert ist. Die Einrichtung der Räume konzentriert sich, ohne auf modernen Komfort zu verzichten, auf das Wesentliche. Dieses aber ist exklusiv.

Hans Poppelaars geht es beim Kochen um das Einfache, das Ursprüngliche, die Dinge, die sich seit Jahrtausenden nicht geändert haben. „Man isst, man trinkt, danach übernachtet man." Deshalb lässt er sich auch gern auf die Finger schauen.

⌁ Linsen- und Spelzsalat

Das Rezept zur Spezialität des Hauses finden Sie auf Seite 93

Seine Küche ist offen, jeder kann kommen und zusehen, wie Poppelaars seine Köstlichkeiten zubereitet. Viele Stammgäste wissen diese transparente, ehrliche Art des Kochens zu schätzen und kommen seit Jahren regelmäßig ins Manoir Kasselslay.

„Die Qualität der Gastronomie fängt mit dem Einkauf und der Philosophie des Hauses an. Die Zutaten sollten so wenig wie möglich manipuliert werden, damit der ursprüngliche Geschmack erhalten bleibt." sagt Poppelaars. Er verwendet in seiner Küche bevorzugt Bioprodukte und achtet darauf, dass alles frisch und hausgemacht ist und die Gerichte der jeweiligen Saison entsprechen. Die einzelnen Teile der Menüs sind sorgsam aufeinander abgestimmt. So oft wie möglich kauft er in der Region ein. Dabei ist ihm der Geschmack

jedoch wichtiger als die Ideologie. Deshalb ist der Fisch zum Beispiel oft auch aus Paris oder Brüssel, das Geflügel aus der Bresse ...

Dieser Grundsatz, dass es als erstes auf den Geschmack ankommt, trifft auch auf seinen Weinkeller zu. Er ist mit Absicht klein, aber erlesen. Fünf bis sechs Winzer aus Luxemburg beliefern das Restaurant; darüber hinaus wählt Poppelaars auch Weine aus Frankreich, Italien und anderen europäischen Ländern zum Essen. „Der Wein ist mein Hobby", sagt er. Deshalb stehen einige Weinempfehlungen auf der Speisekarte direkt neben den Gerichten.

Manoir Kasselslay besticht vor allem auch durch seinen persönlichen Charakter und ist seit 2007 im Besitz einer Auszeichnung im Michelin-Führer.

Manoir Kasselslay
Maison 21
L-9769 Roder
☎ 0 03 52 / 95 84 71
www.kasselslay.lu

Der Platz an der Sonne

Vor über 40 Jahren wurde das Gebäude umgebaut, in rustikal urtümlichem Charakter. Seit 1997 wird es von Cynthia und Marc Arend geführt. Die Rundbögen aus grob gemauertem Schiefer über den Türöffnungen, ein Charakteristikum der Ardennen, blieben unverputzt. Zwei offene Kamine mit Kupferhaube wärmen die Gäste, die bequem an großen, elegant eingedeckten Holztischen speisen. Bei warmem Wetter kann man auf der ruhigen grünen Außenterrasse sitzen und den Blick aufs Schloss genießen.

Arend ist Mitglied von Euro-Toques und setzt sich für Produkte aus der Region ein. Seine Speisekarte ist umfangreich. Gerne kocht er, entsprechend der Saison, die selten gewordenen traditionsreichen Gerichte Luxemburgs, wie Treipen (Blutwurst), Gehäck (Innereien) mit Pflaumen, Kuddelfleck (bei ihm mit pikanter Tomatensauce) oder Judd mat Gaardebounen (gepökelter Schweinehals mit Puffbohnen). Aber auch Entdeckungen wie die Moules de Bouchot, eine kleinere, köstliche Miesmuschelart vom Mont St. Michel, kann man bei ihm im Herbst tagesfrisch probieren. Ebenso bietet Arend viel Wild an. Oder den Gebaakene Mëllen Hëpperdanger, einen biologischen Käse nach Camembert-Art aus einem kleinen Dorf in der Nähe. Beliebt bei den Gästen aus nah und fern sind auch die Pferdesteaks, die an diesem Ort natürlich nicht fehlen dürfen.

Spargel mit Kalbsbries und Sauce Mousseline

Das Rezept zur Spezialität des Hauses finden Sie auf Seite 93

Les Ecuries du Parc war früher tatsächlich ein Pferdestall. Der Graf von Clervaux hatte um die Mitte des 19. Jahrhunderts, als er mit seiner neuen deutschen Geliebten Gertrude zusammenleben wollte, genug vom alten finsteren Schloss. Er ließ sich, beraten durch den ebenfalls deutschen Förster Heinrich Kratzenberg, an der sonnigsten Stelle von Clervaux kurzerhand ein neues Schloss bauen. Und da die Pferde auch untergebracht werden mussten, wurde ganz in der Nähe ein weiteres Gebäude, das heutige Les Ecuries du Parc, errichtet. Die Sache ging nicht gut aus. Der Graf machte Bankrott und musste alles verkaufen, auch die Pferde und den Stall.

Les Ecuries du Parc
4, Rue du Parc
L-9708 Clervaux
☎ 0 03 52 / 92 03 64
www.staell.lu

In alten Mauern neuer Glanz

Château d'Urspelt, am nördlichen Rand der Luxemburger Ardennen gelegen, ist in seiner heutigen Gestalt 300 Jahre alt. 2005 durfte die Ruine, die im Zweiten Weltkrieg mehrmals die Hände gewechselt hatte, wieder aus ihrem Dornröschenschlaf erwachen. Die Familie Lodomez rekonstruierte das Schloss und verwandelte es in ein Restaurant mit Hotel.

Der Marketingchef Yannick Ruth betont die ideale Lage des Château d'Urspelt: Es ist mühelos sowohl von der Stadt Luxemburg als auch von Belgien, den Niederlanden und Deutschland zu erreichen. Gleichzeitig bietet das Dörfchen Urspelt mit seinen 500 Familien eine Oase voller Ruhe für den Besucher. Kein Wunder, dass im Schloss gern Hochzeiten gefeiert werden. Das Brautpaar kann hier nicht nur köstlich essen und vornehm logieren, Château d'Urspelt verfügt sogar über eine eigene Kapelle, in der die Trauung vollzogen werden kann.

Das Restaurant Victoria des Château d'Urspelt kann mitsamt der Terrasse bis zu 110 Gäste aufnehmen und wird von Gerald Heischling geleitet. Er bietet eine junge und frische Küche an. Die Karte wechselt regelmäßig, aber immer kann der Gast darauf regionale und französische Gerichte finden, die entsprechend der jeweiligen Saison variieren. Ein besonderes Angebot sind die fünf Menüs, die dem Einsteiger für einen reellen Preis bei vier bis fünf Gängen einen guten Einblick in Heischlings Koch-

kunst gewähren. Dazu gibt es keine feste Weinkarte, sondern hier wird der Wein, als Gag sozusagen, gestaffelt nach Preisen angeboten. Man kann zur Bar gehen und sich direkt dort die gewünschte Flasche aussuchen.

Wer in einer großen Gruppe feiern will, kann den zum Schlossareal gehörenden Salle Diane mieten, einen riesigen, über zwei Etagen gehenden festlichen Raum, in dem früher der Fuhrpark eines benachbarten Bauernhofes untergebracht war. Entsprechend stabil ist der Fußboden, sodass den Partyideen keine Grenzen gesetzt sind. Zum Entspannen kann man sich anschließend nach unten ins Kellergewölbe in die Bar begeben.

Schweinebacken mit Buchweizenkuppen

Das Rezept zur Spezialität des Hauses finden Sie auf Seite 94

Château d'Urspelt
Am Schlass
L-9774 Urspelt
☎ 0 03 52 / 26 90 56 10
www.chateau-urspelt.lu

Ein Juwel ganz im Norden

⊂|| **Niedrigtemperatur gegarte Basse côte vom Rind aus den Naturschutzgebieten Luxemburgs, mit Boudin noir, Foie gras und Rosmarinkartoffeln**

Das Rezept zur Spezialität des Hauses finden Sie auf Seite 94

Restaurant l'Ecuelle
Maison 15
L-9980 Wilwerdange
☎ 0 03 52 / 99 89 56
www.ecuelle.lu

Ein Räucherofen im Garten ist nicht unbedingt das, was man erwartet, wenn man im nördlichsten Zipfel der Ardennen essen geht. Aber was Jean Claude Moucaud dort nicht nur mit seinen geräucherten Produkten auf den Teller zaubert, ist sehr wohl einen Ausflug nach Wilwerdange wert. In diesem kleinen Dorf haben die Moucauds 2006 ihr Restaurant eröffnet, l'Ecuelle, dessen 2010 neu gestalteter Gastraum und die Terrasse bis zu 60 Gästen Platz bieten.

In den Jahren zuvor hat der Küchenchef und Restaurant-Inhaber Moucaud, der ursprünglich aus der Bourgogne stammt, sich in allen kulinarisch interessanten Gegenden Frankreichs und auch Deutschlands ein breites Repertoire an regionalen und internationalen Spezialitäten erkocht. So kauft er sein Geflügel in der Bresse ein, besteht bei Rindfleisch jedoch auf Angus- oder Limousin-Rinder aus den Naturschutzgebieten Luxemburgs und ist auch ansonsten um regionale Produkte bemüht. Er verwendet bevorzugt ganz einfache Zutaten. Wenn diese seine kundigen Hände durchlaufen haben, bekommen sie jedoch eine ganz neue Note. Wie zum Beispiel durch den oben genannten Räucherofen. Moucaud räuchert nicht nur Schweine-, Enten- und Rindfleisch – geräuchertes Rindfleisch passt hervorragend zu Kartoffelsuppe – sondern auch Obst wie Ananas: in feine Scheiben geschnitten und serviert mit Mangokaramell

und Vanilleeis wird aus ihr eine ungewöhnliche und delikate Nachspeise.

Eine weitere Spezialität sind seine mit niedriger Temperatur gegarten Fleischgerichte, wie zum Beispiel Perlhuhn oder Kalbfleisch. Da die Garzeit bei einer Rinderschulter beispielsweise bis zu 18 Stunden dauern kann, sollte man solche Gerichte natürlich vorbestellen. Dazu reicht Moucaud gelegentlich Seltenes wie Topinambur oder geräucherte Rote Rüben. Wer neugierig ist, bestellt Moucauds Überraschungsmenü mit neun Gängen. Aber auch der eher klassisch orientierte Gast kann sich auf ein Chateaubriand freuen. Eine reichhaltige Weinkarte lässt keine Wünsche offen.

Kultur und Natur

Die Hauptstadt der luxemburgischen Ardennen, Wiltz, hat dem Besucher allerhand zu bieten: eine lange und wechselvolle Geschichte, an die das Schloss der ehemaligen Grafen von Wiltz in der Oberstadt erinnert oder auch das Museum der Ardennerschlacht. Fast unberührte Natur im Obersauer See- und Naturpark, die zum Wandern und Verweilen einlädt. Und ein reges kulturelles Leben über das ganze Jahr hinweg. Für den Theaterfan wird das Europäische Theater- und Musikfestival von Ende Juni bis Ende August das Ziel der Wahl sein. Im Amphitheater mit 1 200 Plätzen kann man zwischen E und U alles zu sehen bekommen, was das Herz begehrt.

Auch die Lederproduktion hat eine lange Tradition in Wiltz. Erst 1961 wurde die letzte von ursprünglich 26 Gerbereien geschlossen Da liegt es nahe, das Nationale Museum für Braukunst und Gerberei aufzusuchen und anschließend gemütlich im Restaurant des Hotels Aux Anciennes Tanneries zu speisen. Henri Roemer kaufte 1990 das verfallene Gerbereigebäude und setzte es liebevoll instand. Heute verfügt das moderne Hotel über 34 Zimmer und einen 2010 neu eröffneten, großzügigen Wellnessbereich mit Schwimmbad, Hammam und Sauna.

Die Küche des Restaurants des Aux Anciennes Tanneries unter seinem Chefkoch Gilles Poullier bietet für jeden Geschmack etwas an. Deftiges wie Kartoffelpuffer mit Mettwurst oder Wildpastete steht ebenso auf der Speisekarte wie die feine französische Küche. Besonderen Wert wird auf Gerichte der Saison gelegt.

Aux Anciennes Tanneries gehört außerdem zu der kleinen Gruppe von Restaurants, die unter dem Siegel „Gourmet vum Séi" bevorzugt Produkte aus dem Naturpark verwenden. Damit ist die Unverfälschtheit der Zutaten garantiert. Gäste, die sich nach dem reichhaltigen Essen gern bewegen möchten, können die gut gekennzeichneten Wanderwege um Wiltz leichten Fußes beschreiten. Aux Anciennes Tanneries wird ihr Gepäck von Hotel zu Hotel befördern.

⊂¶ **Lammcarré auf Dinkelrisotto**

Das Rezept zur Spezialität des Hauses finden Sie auf Seite 95

⌂ **Aux Anciennes Tanneries**
42a, Rue Jos Simon
L-9550 Wiltz
☎ 0 03 52 / 95 75 99
www.auxanciennestanneries.com

Ein Bier für das Dorf und die Welt

„Irgendwann mach ich mal was ganz anderes." An diesen Satz von Benny Wallers erinnerte sich ein Freund, als er mit der Idee liebäugelte, eine eigene Brauerei in seinem Dorf Heiderscheid aufzumachen. Irgendwann stieg der Freund aus dem Projekt aus, aber Wallers hatte sich festgebissen. Im Jahr 2007 kaufte er eine neue Brauereiausrüstung und stellte einen jungen deutschen Braumeister ein. Schon beim ersten Versuch gelang diesem, Wallers Vorstellung von einem ganz einfachen süffigen Bier umzusetzen: Das Heischter (Heiderscheider) war geboren. Bis heute ist es das Markenzeichen der kleinen Brauerei Heischter.

Dazu kam ein dunkles Weizenbockbier, das in seiner Art einzigartig in Luxemburg ist. Hier trinkt man nämlich nur um Weihnachten herum das dunkle Weihnachtsbier. Heischter jedoch produziert das ganze Jahr über, und so kommen neben den begeisterten Heiderscheidern auch viele

Luxemburger von weiter her für dieses Bier angereist. Seine Mikrobrauerei bietet Wallers und seinem Braumeister die Möglichkeit, mit besonderem Aufwand besondere Ergebnisse zu produzieren. So wird das Heischter nach einer sehr alten Biertradition gebraut. Für besondere Gelegenheiten kann man beim Heischter auch weitere Biersorten extra brauen lassen.

Wer die Brauerei besuchen und das schmackhafte Bier kosten möchte, kann eines der Brauseminare buchen, die der Heischter freitags und samstags veranstaltet. Zu Kraut, Bratkartoffeln und Haxen, frisch angeliefert von der örtlichen Metzgerei, gibt es Bier satt. Und natürlich wird den Gästen direkt vor Ort gezeigt, wie das Heischter mit seiner besonderen Mischung verschiedener Malze hergestellt wird. Wer auch zu Hause Heischter trinken will, kann sich das Bier anschließend in kleinen Sechser-Kästen mitnehmen.

Den Heischter s.à.r.l
4, Bei Clemensbongert
L-9158 Heiderscheid
☎ 0 03 52 / 89 90 62
www.denheischter.lu

Portal der Kirche in Saeul

Rund um die Großstadt herum

Verglichen mit den bekannten Regionen Luxemburgs ist die Gegend rund um die Hauptstadt kein Touristenmagnet. Dennoch hat dieses sanft gewellte Hügelland bei genauerem Hinschauen dem Besucher einiges zu bieten.

Das Autobahnnetz dehnt sich von der Stadt Luxemburg aus sternförmig in alle Himmelsrichtungen. Wer jedoch den dazwischen liegenden kleinen gewundenen Sträßchen folgt, stößt auf ländliche Idylle. Die hier ansässigen Luxemburger, wenn sie nicht täglich in die Stadt pendeln, sind stolz auf ihre bodenständige, bäuerliche Tradition.

Auf den Neugierigen warten an vielen Ecken Überraschungen. In Saeul zum Beispiel, einem kleinen Dorf mit 500 Einwohnern im Nordwesten, steht plötzlich eine riesige romanische, im Stil einer Basilika errichtete Kirche. Das Rätsel erklärt sich, wenn man im Faltblatt der Kirche nachliest. Saeul gehörte im Mittelalter zum Einzugsgebiet des Klosters Echternach, das hier in einiger Entfernung ein weiteres Zeichen seiner Macht errichten wollte.

Auch Fans der Unterhaltungskultur kommen in Saeul auf ihre Kosten. Im Restaurant Maison Rouge hängen Zeichnungen des Comic-Helden Superjhemp, eine Art luxemburgischer Superman, vom Kachkéis gedopt, der es mittlerweile schon auf 25 auf Lëtzebuergesch geschriebene Bände gebracht hat. Der Zeichner des Superjhemp, Roger Leiner, der in der Nähe wohnt, geht hier gern essen. Eingefleischte Comic-Leser wissen natürlich ebenso, dass im Dorf Contern jedes dritte Juliwochenende das Internationale Comic-Festival stattfindet.

In der Nähe von Saeul befindet sich im Tal des Flüsschens Eisch eine weitere Attraktion, das Tal der sieben Schlösser. Nur ein kleines Schild deutet am Rand der Hauptstraße darauf hin. Wenn man abbiegt, kann man sich 24 Kilometer lang durch das Tal schlängeln, vorzugsweise zu Fuß, vorbei an satten Wiesen, kleinen Dörfchen und eben sieben Schlössern. Wer Burgen liebt, sollte anschließend noch einen Abstecher nach Bourglinster machen. Nur wenige Kilometer entfernt liegt das Töpferdorf Nospelt, das neben einem Museum der Töpferei auch ungewöhnliche Keramik zum Kauf bietet. In Beckerich, nördlich von Nospelt, werden Führungen durch die Anlagen der Mineralwasserquellen angeboten.

Bei diesen Ausflügen vergisst man mitunter ganz, wie nah die Großstadt Luxemburg ist.

„Einer von der Familie muss bei den Gästen sein"

⚐ **Lammfilet im Oliven-Kräutermantel und überbackenem Kartoffelgratin**

Das Rezept zur Spezialität des Hauses finden Sie auf Seite 95

Dieser eherne Grundsatz der Familie Pütz hat das Maison Rouge schon über drei Generationen getragen. Das einstige Postkutschenrelais wurde von den Großeltern von Karin Pütz, der heutigen Geschäftsführerin, vor vielen Jahren übernommen und erst zu einem Hotel und dann zu einem Restaurant umgebaut. Im roten Haus gab es das erste Radio im Dorf Saeul, hier saßen die Dörfler am Feuer beim Kartenspiel.

Heute ist das Maison Rouge vor allen Dingen ein gediegenes und traditionsbewusstes Restaurant. Bei der Renovierung sind die alten Deckenbalken und der Holzfußboden bewusst erhalten geblieben. Viele Stammgäste wissen das ehrliche und verlässliche kulinarische Angebot des Hauses zu schätzen. Natürlich wird hier vom französischen Küchenchef, der zuvor in einem Sternerestaurant gearbeitet hat, gehobene französische Küche angeboten, aber auch, je nach Saison, einfache Luxemburger Gerichte. So kann man zu seinem Filetsteak die berühmte hausgemachte Sauce béarnaise genießen, die mit Eiern von eigenen Hühnern hergestellt wird. Dieselben Hühner laufen im Sommer auch gelegentlich über die herrliche Grasterrasse mit weitem Blick über die hügelige Landschaft. Der Hasenpfeffer schmeckt hier wie von der Großmutter gekocht, so hat einst ein Gast Frau Pütz gesagt. Für sie ist das das größte Kompliment: „Man soll sich wohlfühlen in einem Restaurant." Deshalb ist für sie das persönliche Beratungsgespräch mit den Gästen sehr wichtig.

Die Zutaten für die Gerichte stammen entweder aus dem Umland oder aus eigener Produktion. 80 Prozent des im Restaurant verwendeten Gemüses stammen aus dem eigenen Garten. Hausgemachte Gemüsesuppe ist deshalb auch heiß begehrt im Maison Rouge. Die Blutwurst und das gepökelte Schweinefleisch stellt der ehemalige Chef selbst her, und wenn im Juli die Gartenbohnen für das Traditionsgericht reif werden, dann kommt Judd mat Gaardebounen auch auf die Speisekarte.

Maison Rouge 🏠
10, Rue Principale
L-7470 Saeul
☎ 0 03 52 / 23 63 02 21

Einigkeit macht stark

Änder Schanck ist Geschäftsführer mit Herzblut und gehörte 1988 zu den Gründern der landwirtschaftlichen Genossenschaft Biog. Sie ist Teil der Oikopolis-Gruppe, eine solidarisch zusammenarbeitende Wirtschaftsgemeinschaft, unter deren Dach auch der Großhandel Biogros, Naturata mit ihren Einzelhandelsgeschäften und das Bio-Restaurant vor Ort zusammengefasst sind. Rasant ging es weiter. 1989 startete der erste Naturata-Laden in Rollingergrund, 1992 der Großhandel.

In der aus der Genossenschaft Biog hervorgegangenen Unternehmensgruppe sind Gründer, Landwirte und Kunden vereint. Der Zusammenschluss schafft Stärke beim Verhandeln fairer und langfristiger Geschäftsbeziehungen, wie etwa die Kooperation mit der Supermarktkette Cactus, die Biog-Produkte zum gleichen Preis anbietet wie der kleine Bioladen.

Wertschöpfung spielt eine zentrale Rolle. Die Kette beginnt beim Bauern, der sich um das Gemüse kümmert und endet beim Verbraucher. Regelmäßige Marktgespräche am runden Tisch schaffen einen Wertschöpfungsring, an dem Erzeuger, Händler, Verkäufer und Kunden teilnehmen und Vermarktungsstrategien oder gemeinsame Aktionen besprechen.

Diese Philosophie lässt Außergewöhnliches entstehen, wie auf dem Schanck-Haff in Hupperdange, im Norden des Landes. Der erste Biobetrieb

in Luxemburg beherbergt gleichzeitig die einzige Bio-Molkerei, die Käse aus Kuhmilch herstellt.

Oder die einzigartige Kombination von Heuhotel und Biohof in Toodlermillen im Tal der Obersauer, wo schottische Hochlandrinder ihrem Besitzer Amand Keiser zutraulich die Möhren aus der Hosentasche fressen. Sein Schinken nach Bündner Art ist einzigartig.

Ebenso vorteilhaft stellt sich der Hof Goedert in Ospern dar. Wohlschmeckendes Schweinefleisch entsteht in einer Vorzeige-Mastanlage. Mit seinem Leindotteröl gewann Charles Goedert den ersten Bio-Agrar-Preis.

Bio-Bauere-Genossenschaft BIOG
13, Rue Gabriel Lippmann
L-5365 Munsbach
☎ 0 03 52 / 26 15 19-1
www.biog.lu

Leichter Genuss mit Blick auf Wiesen und Felder

 Bulgur-Flan im Gemüsemantel an Paprika-Dinkelsauce

Das Rezept zur Spezialität des Hauses finden Sie auf Seite 96

Die Farben rot und blau stehen sich im Farbkreis gegenüber, genau wie die beiden eindrucksvollen Gebäude der Oikopolisgruppe. Die Dächer im ersten Gewerbegebiet Luxemburgs mit ökologischen Auflagen sind begrünt oder mit Solaranlagen ausgestattet. Genau der richtige Standort für ein Bio-Restaurant. Beim Blick auf die blühenden Blumenwiesen der umliegenden Dächer, umgeben von grünem, saftigem Hügelland, lässt es sich entspannt speisen.

Tritt man in die helle, frische Atmosphäre ein, kommt man an der verlockenden Salattheke kaum vorbei. Lebensmittel mit hundertprozentiger biolo-

Reicht die Zeit nicht zur Mittagspause, genügt ein kurzer Anruf. Dann steht das Menü zur Abholung bereit und muss nur noch erwärmt werden. Wer gesund feiern möchte, ist mit dem Catering- und Party-Service auf der sicheren Seite und größere Gruppen werden, nach Absprache, individuell bekocht.

Nach der Mahlzeit arbeitet es sich unbeschwert weiter. Was für die 3 000 Menschen, die im Gewerbegebiet arbeiten, ein wichtiger Aspekt ist. Dieser Vorteil wird bei einem Spaziergang durch den angrenzenden Park noch verstärkt.

gischer Qualität gelangen zum Einsatz, ohne Geschmacksverstärker oder Konservierungsstoffe. Drei feste Menüs stehen zur Auswahl, die einzelnen Komponenten lassen sich jedoch auch nach Wunsch zusammenstellen. Fleisch, Fisch, Gemüse, man hat die Wahl. Auch Unverträglichkeiten werden so berücksichtigt. Möchte jemand spontan eine vegetarische Suppe, kein Problem, immer sind verschiedene Varianten im Angebot. Der Küchenchef Stefan Dahm und seine Mitarbeiter bringen frischen Wind auf die Teller und können mit dem Besten aus der luxemburgischen, französischen und deutschen Küche aufwarten. Wer fürs Wochenende im Biomarkt Naturata einkauft, stärkt sich vor der Heimfahrt.

Bio-Restaurant NATURATA
13, Rue Gabriel Lippmann
L-5365 Munsbach
☎ 0 03 52 / 26 15 17-1
www.oikopolis.lu

Reisen Hausbrauereien mit Hausmannskost kennen und lieben gelernt. Mit dieser Unternehmenserweiterung konnte er seine Liebe zur Natur, zum alten Handwerk und zur Tradition direkt umsetzen. 2004 übergab er alles an seine Kinder Simone und Luc, die heute mit Unterstützung eines festen Stamms an jungen Mitarbeitern allein das ganze Unternehmen führen.

Markenzeichen des Beierhaascht ist sein Schinken. Zwei Sorten schmücken sich mit dem seltenen luxemburgischen Gütesiegel Marque Nationale und Marque Nationale Prestige. Auf der Speisekarte nimmt deshalb Schinken einen zentralen Platz ein. Aber auch anderes Deftiges wie die Luxemburger Traditionsgerichte, Steaks und Salate und natürlich im Herbst Wild sind im Angebot. Ein Muss ist das selbstgebraute naturtrübe Bier.

32 Zimmer im oberen Stockwerk laden zur anschließenden Übernachtung ein. Mit Stäbchenparkett und Holzverkleidungen sind auch sie ganz im Stil und nach den Grundsätzen der Familie eingerichtet. Über allem wacht im Bankettsaal Emil, das Wildschwein. „Das schönste Kompliment ist, dass es wie zu Hause ist", fasst Simone Meyer die Philosophie ihres Hauses zusammen.

Hirsch-Kotelett mit fünf Pfeffern und Lebkuchen

Das Rezept zur Spezialität des Hauses finden Sie auf Seite 96

Über zwei Etagen, mit zwei großen Fensterseiten, luftig und hell, so präsentiert sich das Beierhaascht in Bascharage dem Besucher beim Eintreten. Links geht es in die Metzgerei, rechts in das großzügig geschnittene Restaurant, das von einer halbrunden Bar und Braukesseln dominiert wird, die, so versichert die Chefin Simone Meyer durchaus funktionstüchtig sind. Der rötlich-bunte Steinfußboden und die Dachkonstruktion mit freiliegenden Balken schaffen ein rustikales und gleichzeitig modernes Ambiente.

Auch der eigenwillige Name, Beierhaascht, die Kombination von Bier und Räucherkammer, unterstreicht, worum es bei diesem Unternehmen vor allem geht. Zusätzlich zu der heute in vierter Generation geleiteten Metzgerei eröffnete der Seniorchef 2002 das Restaurant, die Mikrobrauerei und das Hotel. Er hatte als begeisterter Jäger auf

Beierhaascht
240, Avenue de Luxemburg
L-4940 Bascharage
☎ 0 03 52 / 26 50 85 50
www.beierhaascht.lu

Hochofen von Esch-Belval, Esch-sur-Alzette

Vergangenheit und Zukunft – gekonnt vereint

Zu Ehren der tödlich verunglückten Grubenarbeiter steht in den Wäldern bei Kayl das Nationale Grubenarbeiter Denkmal. Es erinnert gleichzeitig an die Eisenerzförderung, die bis Ende des 20. Jahrhunderts eine bedeutende Rolle spielte und der Region den Namen gab: Land der roten Erde. Schon zu Zeiten der Kelten und Römer wurde hier Eisenerz gefördert. Das französische Wort „Minette" bezeichnet die eisenhaltige Schicht, die um 1840 entdeckt wurde. Das hauptsächlich landwirtschaftlich geprägte Luxemburg avancierte zum Industriestaat, dessen Stahl in die ganze Welt geliefert wurde. Die Hochöfen sind heute erloschen, kein Rauch steigt mehr aus den Schloten und die Gruben sind geschlossen. Verrostete Loren, Gleisanlagen, die ins Leere laufen. Zurückgeblieben sind Steinwüsten, die sich die Natur jedoch stetig zurückerobert. Aus den nackten roten Gesteinsschichten sind einzigartige Naherholungsstätten geworden, die es sich lohnt zu erwandern oder mit dem Rad zu erkunden. Im Trockenrasen blühen ab Mai eine Vielzahl von Orchideen-Arten, seltene Schmetterlinge gaukeln von Blüte zu Blüte. Geht es in Stufen bergauf, kann es durchaus sein, dass man gerade einen ehemaligen Tagebau durch-

schreitet. Viele interessante Strecken und Lehrpfade verschaffen einen Überblick über die Thematik.

In der ehemaligen Umladestation Fond-de-Gras bei Differdange wurde eine Bahnstrecke wieder in Betrieb genommen. Der Besucher kann sich in historischen Zügen auf den Spuren der Bergleute bewegen. Ein alter Krämerladen und die ehemalige Bergmannsschenke sind hier originalgetreu erhalten und es würde einen nicht besonders erstaunen, käme ein Kumpel um die Ecke. Technisch Interessierte finden die Bessemer Birne oder eine alte Walzstraße erklärt. Manches Café lebt heute noch vom Flair des 19. Jahrhunderts. Eis wird man hier jedoch vergeblich suchen. Denn Café ist in Luxemburg die Bezeichnung für Wirtshaus, in dem früher bei einem Bier Karten gespielt wurde. Wie im Café bei der Giedel. In dem einfachen Holzhaus haben immer schon Bergarbeiter mit ihren Familien gegessen und getrunken. Die damalige Atmosphäre ist im Sommer auf der Terrasse gut nachzuspüren – mit dem Schnaufen der Dampflok im Hintergrund.

Das Nationale Eisenerz Grubenmuseum Rumelange lässt Nostalgie aufkommen beim Betrachten

Park Gaalgebierg, Esch-sur-Alzette

der alten Lampen, Grubenhelme und Messinstrumente. Die Einfahrt in den Stollen mit der Grubenbahn sorgt für echtes Bergmann-Feeling. Am besten mit einer Jacke, denn unter Tage herrschen nur ungefähr 10 Grad, auch im Sommer. Lebensgroße Figuren lassen erahnen, wie viel Mühe es bedeutete, das Erz abzubauen.

Viele Hände waren erforderlich, um die Schätze unter der Erde zu bergen. Italiener, Belgier, Franzosen und Deutsche arbeiteten im Erzbergbau und prägten ihre Wohnviertel entsprechend. Die Siedlungen in der Arbeiterstadt Lasauvage belegen das authentisch. Im Dokumentationszentrum für Migrationsgeschichte in Dudelange erfährt man alles über das Viertel „Klein-Italien", das hauptsächlich von italienischen Einwanderern errichtet wurde. Den Häusern sieht man den mediterranen Stil an: Terrassen, verwinkelte Gassen, Treppen. Auch die Namen mancher Wirtshäuser erinnern

Grubenmuseum Cockerill, Esch-sur-Alzette

Grubenmuseum Cockerill

Grubenmuseum Cockerill

Parc Merveilleux, Bettemburg

noch daran: Caola, Rossi, Scarassa. Nach dem Zweiten Weltkrieg kamen viele Portugiesen als Gastarbeiter ins Land. Gut integriert bietet mancher Bäcker, manches Restaurant neben den luxemburgischen Spezialitäten auch typisch Portugiesisches an.

In Esch-sur-Alzette, der zweitgrößten Stadt des Landes, empfiehlt sich ein Spaziergang durch die Arbeitersiedlungen Grenz, op der Uecht und Cité Dr. Welter. Eine Mischung aus unterschiedlichen architektonischen Stilrichtungen erinnert ebenfalls an die Migranten. Zahlreiche Shoppingmöglichkeiten in der Fußgängerzone Esch-sur-Alzettes führen an Fassaden aus Gründerzeit und Jugendstil vorbei. Heute bereichern Händler unterschiedlicher Herkunft auf dem Wochenmarkt das Angebot. Turbulent geht es hier zu. Ein anschließender Spaziergang durch den Park Gaalgebierg oder das Naturschutzgebiet Ellergronn mit seinem Besucherzentrum und dem Grubenmuseum Cockerill bieten Ruhe und Erholung.

Nicht nur Zeugnisse der Vergangenheit fesseln den Besucher, die Region besticht auch durch ehrgeizige Vorhaben für die Zukunft. So wird auf einer Hochofenterrasse die Cité des Sciences, die Stadt der Wissenschaften, der Forschung und der Innovation errichtet. Ein Teil der letzten beiden Hochöfen Luxemburgs wird erhalten und somit auch die Erinnerung an die vergangene Glanzzeit. Auf dem Gelände Belval entsteht eine Universität mit fünf Forschungszentren. Das Projekt soll in etwa 20 Jahren vollständig umgesetzt sein und Studenten, Professoren und Forschern ein Zuhause werden. Ein gelungenes Beispiel zur innovativen Nutzung der Industriebrachen. Schon heute kann man hier wunderbar im Belvalplaza shoppen oder eines der zahlreichen Konzerte in der Rockhal genießen.

Von März bis Oktober ist der Märchenpark in Bettemburg, der Parc Merveilleux, ein besonderer Anziehungspunkt für Familien. Besonders die ganz Kleinen kommen hier auf ihre Kosten. Aschenputtel, Rotkäppchen und andere Märchenfiguren erwachen zu neuem Leben und erzählen ihre Geschichte, auf Wunsch in luxemburgischer, deutscher oder französischer Sprache.

Über Tiere aus fünf Kontinenten informiert man sich im dazugehörigen Tierpark. Angehende Naturschützer erleben im Vogelhaus wie es sich anfühlt, in den Baumwipfeln zu wohnen und den Wald von oben zu betrachten. Nach dem Besuch in einem dunklen Labyrinth hat der Tastsinn eine ganz neue Bedeutung erhalten und kommt auch noch im aufregenden Abenteuerspielplatz zum Einsatz.

Wer sich gerne in reizvoller Natur aufhält, sich für Geschichte, Geologie, Wirtschaft oder Architektur interessiert, wird im Land der roten Erde auf kleinstem Raum fündig.

Authentische Herzlichkeit gepaart mit Professionalität

Wie ein Monument steht das markante Gebäude im neu gestalteten Parc Querbett, der grünen Mitte von Kayl, wo die Bürger Ruhe und Erholung finden. Mit seinem verwitterten Stahl symbolisiert es den Eisenerzabbau, der in dieser Region, dem Land der roten Erde, lange Zeit eine große Rolle spielte. Im Inneren birgt es jedoch eine besondere Überraschung. Niemand Geringeres als Lea Linster, die einzige Frau mit einem Bocuse d'Or hat sich mit dem Pavillon einen Traum verwirklicht. Den meisten sonst nur bekannt aus Fernsehen und Zeitungsberichten, kann man sie jetzt hier „live" erleben. Bewunderer ihrer Kochkunst nutzen die Gelegenheit, Lea und ihre Küche persönlich kennenzulernen, bei einem preiswerten Mittagstisch, der für jeden erschwinglich ist.

Wer das außergewöhnliche Bauwerk betritt, gelangt sofort in die Obhut von Njomza Musli, die den Gast auf die freundlichste Art willkommen heißt. Sie ist verantwortlich für den Restaurantbetrieb und gleichzeitig das jüngste Mitglied des Personals. Gefragt, ob sie ihre Arbeit gerne macht,

bekräftigt sie lachend, dass es ihr sehr viel Spaß mache. Und dass es schon etwas sehr Besonderes sei, für eine so bekannte Persönlichkeit zu arbeiten. Das lasse auch turbulente und anstrengende Momente schnell vergessen.

Augenblicklich nimmt einen die unvergleichliche Atmosphäre gefangen. Die 40 Stühle des Restaurants sind nahezu alle besetzt. Fröhlich und lebhaft geht es zu. Die Gäste plaudern angeregt miteinander, während Lea von Tisch zu Tisch geht und sich nach ihrem Wohlbefinden erkundigt, voller Elan und Herzlichkeit. Man gehe schließlich nicht nur in ein Restaurant, weil man Hunger hat,

sondern man sehne sich auch nach Zwischenmenschlichkeit und Geborgenheit, sagt sie mit einem überzeugten Lächeln – unterstützt durch das Kaminfeuer, das besonders im Winter Gemütlichkeit verbreitet.

Jeden Mittag überrascht sie mit einem neuen Menü, gleichbleibende erstklassige Qualität garantiert. Kreativ und spontan nutzt sie das saisonale Angebot des Marktes. Abends genießt man à la carte. Wie wär es mit dem Menu à la Madeleine? Möglichst nicht zu spät am Abend, da das Restaurant um halb zehn geschlossen wird. Nach Voranmeldung und Planung wird auch jede Familienfeier zum absoluten Highlight.

Die Küche ist perfekt in den Raum integriert. In ihr herrscht geschäftiges Treiben, während das Team die Rezepte von Lea Linster umsetzt. Immer in der gleichen Qualität, da werde nicht daran herumgezappelt, informiert sie souverän. Antony, der junge Küchenchef hält sich daran und jeder kann sich davon überzeugen. Der offene Kochbereich ist Show-Cooking pur – ebenfalls eine gelungene Entscheidung der Sterneköchin. Hier entstehen Überraschungen wie Wildterrine mit Püree aus Roter Beete, Lachstatar mit eingelegten Zitronen, Rindersteak aus dem Simmenthal, Kabeljau mit Muscheln. Zum Neugierigmachen hier nur ein paar der verlockenden Nachtische: Vacherin mit Vanille- und Erdbeereis, luftiges Baiser mit cremigem Eis oder Café Madeleine mit Joghurteis. Seit 1996 ist Lea Linster selbst stolze Besitzerin eines Weinbergs

bei Remich an der Luxemburger Mosel, ihrer Domaine de Lea Linster. Dort gedeiht der Elbling, ein trockener Weißwein, der zu den ältesten Sorten in dieser Gegend zählt, ein idealer Begleiter der kulinarischen Spezialitäten.

Leas Philosophie: Ungezwungene Gastronomie mit Produkten, die allerhöchstes Niveau haben und frisch sein müssen. Die Auswahl ist kleiner als in ihrem Restaurant in Frisange, aber nicht minder interessant. Erhöht auf einem Regal thronen die Madeleines, eine Spezialität des Hauses. Der richtige Rahmen für die ungekrönte Königin. Der Name des Restaurants ist natürlich ihr gewidmet, voilà.

Junge Menschen erhalten bei Lea Linster eine Chance. Begeistert sagt sie, dass Sascha, der Chef vom Service, seine Sache fantastisch meistert. Sie ist zufrieden mit ihrer Crew, was deutlich zu spüren ist. Lea tritt eher als Partnerin auf, nicht als Chefin und honoriert Kompetenz und Einsatzbereitschaft. Ihre Energie scheint sich mühelos auf ihre Mitstreiter zu übertragen.

Einen lange gehegten Wunsch hat sich Lea mit dem Tee-Salon erfüllt, in den sich das Restaurant am Nachmittag verwandelt – mit einer reichen Auswahl an Backwaren, neben einer kleinen Speisekarte mit leichten Gerichten, Eis und Dessert.

Im Sommer auf der Terrasse blickt man auf eine kunstvoll gestaltete Parklandschaft aus Wiesen, alten Bäumen und Hecken. Schafe, Kühe und Pferde lassen das Gefühl von idyllischem Landleben aufkommen. Der Kaylbach plätschert gemächlich am Pavillon vorbei und Kinder turnen auf dem ungewöhnlichen Abenteuerspielplatz, gut beobachtet von den Eltern, die ihren Tee oder Kaffee und Leas weltweit bekannte Madeleines genießen. Auf den neu angelegten Spazierwegen vertritt man sich die Beine und genießt das ruhige Fleckchen Erde, Vogelgezwitscher inklusive.

Wer zu Hause seinen Salat à la Lea Linster anrichten möchte, nimmt eine Flasche ihrer köstlichen Vinaigrette mit. Sie enthält die immer gleiche bewährte Basis, die mit frischen Kräutern oder Gewürzen ergänzt werden kann. Die Variationsmöglichkeiten sind vielfältig.

 pavillon madeleine
by Lea Linster
30, Rue du Moulin
L-3660 Kayl
☎ 0 03 52 / 26 56 64
www.lealinster.lu

Perfekte Erlebnis – und Kultur-Gastronomie

Wer die gelungene Verbindung zwischen Kunst, Kultur und Kulinarik erleben möchte, begibt sich ins Kulturzentrum der Stadt und lenkt nach einer Musik- oder Theaterveranstaltung, einer Lesung oder dem Besuch einer Ausstellung seine Schritte in die perfekt integrierte Brasserie K116. Die Küche von Romain Beaumet verlängert den Kunstgenuss. Untergebracht in einem ehemaligen Schlachthof, erinnern an der Decke die Transportschienen für das Fleisch an seine ursprüngliche Bestimmung.

Ein alter Steintrog, an dem die Kühe, an Ringen angebunden, ihr letztes Heu bekamen, ist ebenfalls erhalten geblieben.

Kreativ arbeitet Romain mit Farben und Formen und merkt an, dass Koch ein wunderschöner Beruf sei. Obwohl jung an Jahren, hat der leidenschaftliche Küchenchef seinen eigenen Stil entwickelt und es damit 2009 zum „Cook of the year" gebracht, eine Auszeichnung die vom Vatel-Club Luxemburg vergeben wird. In Budapest erreichte er bei der Europameisterschaft der Köche im Jahr 2010 den dritten Platz. Unterstützt durch seinen Partner Claude Kayser, der sich eher um die kaufmännischen Dinge kümmert.

Stolz liegt in seiner Stimme, wenn Romain sagt, dass in seinem Restaurant für jeden Geschmack und jedes Budget etwas dabei ist. Die Küche lässt keine Wünsche offen, vom Gourmet-Essen bis zum einfachen Gericht, arrangiert mit ästhetischem Feingefühl. Gerade dafür gibt er sich besonders Mühe, bedeutet sein Name doch so viel wie „schön angerichtet". Auch dem multikulturellen Anspruch trägt er Rechnung, etwa wenn nach dem Fado-Abend ein portugiesisches Buffet angeboten wird. Nicht zu vergessen das Menu Beaumet, bei dem ein einzelnes Thema im Vordergrund steht wie zum Beispiel Kürbisvariationen in vier Gängen. Der Gast entdeckt, was möglich ist und wie es schmecken kann. Angenehm ins Gespräch vertieft über die letzte Veranstaltung, immer betreut von einem kompetenten Team.

Filet de sandre gratiné au crottin de chavignol

Das Rezept zur Spezialität des Hauses finden Sie auf Seite 97

Brasserie K116
Restaurant an der Kulturfabrik
116, Rue de Luxembourg
L-4221 Esch-sur-Alzette
☎ 0 03 52 / 26 17 59 74
www.k116.lu

Der Bockfelsen über der Alzette

Luxemburg – Die Stadt der Gourmets

Luxemburg ist die europäische Hauptstadt par excellence. Hier fing der europäische Einigungsprozess an, hier herrscht eine geradezu paneuropäische Sprachenvielfalt, hier leben Luxemburger, Deutsche, Franzosen, Portugiesen und viele andere Nationalitäten seit Jahrzehnten harmonisch zusammen.

Umso überraschender ist es dann zu sehen, wie klein diese Metropole ist. Sie hat gerade mal 90 000 Einwohner, das Umland hinzugerechnet um die 135 000. Dazu kommen jeden Tag viele Tausend Grenzgänger aus den Nachbarländern. Wenn sie aber wieder wegfahren, gegen Abend oder am Wochenende, dann werden in dieser Großstadt förmlich die Bürgersteige hochgeklappt. Ab 18 Uhr hat in der Altstadt kein Geschäft mehr geöffnet. Dafür sind die Restaurants und die Bars voll.

Umso mehr ist in der Woche tagsüber los. Wenn man vom Bahnhof aus Richtung Altstadt geht – durch das geschäftige, verhältnismäßig neue Stadtviertel auf dem Plateau Bourbon – und dann am Ende der Avenue de la Gare sich plötzlich lebhafter Verkehr über die Brücke, den Viadukt Passerelle, ergießt, hin zu dem großen Sandsteinfelsen, auf dem die Altstadt Luxemburgs liegt, dann beginnt man zu erahnen, wie viel hier hinter den Fassaden abgewickelt wird.

Beim Gang über die große Brücke kann man unten am Fuße des Felsens, im Tal der Pétrusse, die alten, immer noch dorfartigen Viertel Grund, Clausen und Pfaffenthal sehen, die sich inzwischen zu Szenequartieren gemausert haben. Mittwochs und freitags abends trifft sich dort das junge und schicke Luxemburg.

Während die Brücke direkt auf das Justizgelände zuläuft, ist hinten rechts auf dem übernächsten Felsen Modernstes zu erblicken. Auf dem Kirchberg ist neben den Gebäuden der Europäischen Gemeinschaft in den letzten Jahren ein hypermodernes Gelände entstanden, für dessen Gestaltung die besten Künstler der Welt herangezogen wurden. Lieblingskinder der Luxemburger sind die Philharmonie aus dem Jahre 2005 des Architekten Christian de Portzamparc und das MUDAM (Musée d'Art Moderne Grand-Duc Jean), das direkt oberhalb an die Überreste des zur Festung gehörenden Fort Thüngen anschließt und von dem Erbauer der Louvre-Pyramide, Ieoh Ming Pei, in Szene gesetzt wurde.

Johanneskirche mit Abtei Neumünster

MUDAM

Um einen Besuch der Festungsüberreste in den Kasematten Bock kommt man in Luxemburg nicht vorbei. Denn hier, im „Gibraltar des Nordens", wurde in den ersten Jahrhunderten der Neuzeit eine der gefürchtetsten Festungen Europas erbaut, und unter anderem deshalb wurde das Altstadtensemble mit den Überresten der Festung auch 1994 zum Unesco-Weltkulturerbe erklärt. Zum ersten Mal erwähnt wurde die Siedlung Luxemburg urkundlich übrigens schon 963, als Graf Siegfried auf dem Bockfelsen seine Lucilinburhuc errichtete, woraus sich später der Name Lützelburg und dann Luxemburg entwickelte. Und selbst heute mutet

Luxemburg ein wenig wie aus der Zeit gefallen an, mit seinen Felsen und tiefen Flusseinschnitten und den wohl um die hundert Brücken aus sieben Jahrhunderten, die die einzelnen Felsen miteinander verbinden.

Moderne und Tradition stoßen in Luxemburg überall aufeinander. Mal gehen sie eine harmonische Verbindung ein, wie beim Musée d'Histoire de la Ville de Luxembourg, einem alten Patrizierhaus im Herzen der Altstadt, das im Zuge der Renovierung eine Glasfassade und einen gläsernen Salonaufzug bekam und mal ist die Gegenwart wie ausgeblendet. Am alten Fischmarkt, wo ein Restaurant neben

dem anderen zu einem Besuch einlädt, und auch am charmanten Place d'Armes mit seinen Cafés scheint die Vergangenheit aufzuerstehen. Überhaupt vermittelt die Altstadt in ihrer baulichen Geschlossenheit, mit den gediegenen Sandsteinfassaden, in denen vor allem edle Geschäfte zu Hause sind, bürgerliches Selbstbewusstsein, das noch aus dem vorvorigen Jahrhundert stammen könnte, und gleichzeitig Zurückhaltung.

Mittwochs und samstags, wenn auf dem weitläufigen Place Guillaume II, im Volksmund Knuedler genannt, am Vormittag Markttreiben ist, hat das quirlige, lebendige Luxemburg seinen großen Auf-

Philharmonie

Musée d'Histoire de la Ville de Luxembourg

Place Guillaume II, Wilhelmsplatz

tritt. Einkaufen geht jeder, vom Küchenchef des Sterne-Restaurants bis zur Hausfrau um die Ecke. Und es gibt hier alles, was das Herz begehrt. Der Luxemburger ist ein begeisterter Esser, er pflegt die Kunst des Kochens und legt Wert auf erstklassige, frische Zutaten.

Deshalb ist Luxemburg auch ein Paradies für den Gourmet. Überreich ist das Angebot an wirklich guten Restaurants. Und die Bandbreite reicht von Pizza über traditionell luxemburgische Gerichte bis zur Haute Cuisine. Mittagsmenüs werden überall angeboten, denn die vielen Mitarbeiter der europäischen Behörden bilden eine zahlungskräftige und verlässliche Kundschaft. Gegen Abend bevölkern sich wieder die Restaurants.

Auch kulturell hat Luxemburg einiges vorzuweisen. Ein Muss ist die Kathedrale Notre-Dame de Luxembourg aus dem Jahr 1613, deren weithin sichtbare Türme das Wahrzeichen der Stadt sind. Dann bietet sich ein Besuch in einem der zahlreichen Museen an. Auf dem Weg kann man bei der Freiheitsstatue der Luxemburger, der Gëlle Fraa, auf dem Place de la Constitution vorbeigehen. Diese vergoldete Frauenfigur oben auf dem Monument erinnert an die Gefallenen zweier Weltkriege. Von hier aus hat man einen weiten Blick, jenseits des Tales der Pétrusse, über die neueren Viertel Luxemburgs, mit ihren Banken und Geschäften, wie man es auch aus anderen europäischen Großstädten kennt.

Im Herzen ist Luxemburg jedoch eine kleine Stadt geblieben. Die Menschen, die hier leben, schätzen es, dass man sich einerseits untereinander kennt, und dass es hier trotzdem kosmopolitisch zugeht, aber auf das menschliche Maß zugeschnitten. Wichtig ist den Luxemburgern, bei all den Veränderungen ihre eigene Identität zu bewahren. Nicht umsonst lautet ihr Motto, das an einem Hauserker in der Rue de la Loge steht: „Mir welle bleiwe, wat mir sin."

Denkmal der Großherzogin Charlotte, Clairefontaine-Platz

Der reine Geschmack

„Meine Küche ist klassisch, aber auf moderne Art", so umreißt Armand Magnier, der Eigentümer und Chef de Cuisine des Restaurant Clairefontaine, seine Philosophie des Kochens. Und man mag ihm gern glauben, denn schon beim Eintreten ins Restaurant selbst hat man den Eindruck, in einem traditionsbewussten und zugleich modernen Ambiente auf's Beste bedient zu werden. 2010 ließ Magnier das Restaurant neu renovieren, und das Clairefontaine strahlt mit seinen alten Holzpaneelen, den intensiv-dunkelroten Sesseln und den schweren quer gestreiften Vorhängen, die in silber und schwarz mit den schwarzen Lackmöbeln spielen, Charakter und Wärme zugleich aus.

Für Magnier zählt nur der Geschmack. Um diesen hervorzuheben, widmet er zum Beispiel bei Hase à la Royale jedem Bestandteil des Fleisches eine eigene Kochzeit, die jeweils bis zu 24 Stunden bei niedriger Temperatur dauert. Erst im letzten Moment kommen die einzelnen Teile des Hasen wieder zusammen und werden mit einer Farce, Entenleber und vielen Trüffeln gerollt. „Ich liebe es, die Zutaten auseinanderzunehmen" sagt Magnier dazu. Und er verwendet keine Kräuter, denn er möchte das Produkt selbst auf der Zunge schmecken. Knoblauch und Zwiebeln hingegen sind sehr willkommen, denn sie wecken erst den Eigengeschmack bei Fleisch oder Fisch. Das besondere Aroma von rotem Gemüse oder Wurzeln

Carpaccio und Tatar von bretonischen Langustinen mit grünen Bohnen und französischem Kaviar

Das Rezept zur Spezialität des Hauses finden Sie auf Seite 97

schließt er durch Karamellisieren auf, das heißt Garen nur mit Butter und ohne Wasser, bis das Gemüse hellbraun ist.

Im Restaurant Clairefontaine wechselt die Karte fünfmal im Jahr im Rhythmus der Saison. Eine Spezialität von Magnier kann man jedoch immer bestellen, nämlich seine junge Poularde aus der Bresse, in Trüffelsud in der Schweinsblase gegart, mit Albufeira-Sauce. Bis zu 40 Gäste haben innen Platz. Auf der Terrasse sitzt man gemütlich im Schatten einer Platane und blickt auf den Place Clairefontaine mit der Statue der Großherzogin Charlotte und dahinter der Kirche Notre-Dame.

Restaurant Clairefontaine
9, Place de Clairefontaine
L-1341 Luxemburg
☎ 0 03 52 / 46 22 11
www.restaurantclairefontaine.lu

Nur kein Chichi

(⦿| **Pot-au-feu-Hamburger mit gebratener Foie gras**

Das Rezept zur Spezialität des Hauses finden Sie auf Seite 98

Das l'Annexe bietet einen Service, wie er sonst in der Stadt Luxemburg selten geworden ist. Das mittelgroße Restaurant direkt neben dem Justizgelände in der Innenstadt bekennt sich zu Einfachheit und Freundlichkeit. Seit seiner Eröffnung im Jahr 2007 hat es stetig an Beliebtheit gewonnen. Das liegt nicht zuletzt am Geschäftsführer Jerome Kersuzan, der bei den Gästen gut bekannt ist und auch die meisten mit Namen begrüßt.

Hier kann man zu moderaten Preisen erstklassig essen. Auf gepolsterten Stühlen sitzt man bequem, und die Tische sind so weit voneinander entfernt, dass man für sich sein kann. Obwohl die Lampen an ein Bistro erinnern, ist das l'Annexe ein ganz

normales Restaurant mit einem umfangreichen kulinarischen Angebot. Wer will, kann hier ab sieben Uhr morgens frühstücken und dabei die Zeitung lesen. Oder am späten Vormittag einen Kaffee trinken. So richtig voll wird das l'Annexe um die Mittagszeit, wenn viele Angestellte aus den umliegenden Behörden ihren Lunch einnehmen. Wem das Mittagsmenü nicht zusagt, isst à la carte. Der Küchenchef Michel Supper hat für jeden etwas parat, und seine Karte wechselt täglich, je nach Marktlage und Saison. Deshalb werden die Speisen auch auf kleine Schiefertafeln geschrieben, die in Ständern auf den Tischen stehen, und die Empfehlungen des Küchenchefs sind an Wandta-

feln nachzulesen. Das freundliche Personal – alle sind seit Eröffnung des Lokals dabei – ist bemüht, jedem Gast die Wünsche von den Augen abzulesen.

Abends dann wird das Speisenangebot um ein paar gehobenere Gerichte erweitert, denn es gibt viele Gäste, die die sehr guten Zutaten und die Kochkunst von Supper zu schätzen wissen. Da das l'Annexe bis um ein Uhr nachts auf hat, kann der Abend nahtlos in einen Drink an der großen und gut bestückten Bar übergehen. Im Rhythmus mit der Rockmusik wird die Atmosphäre dann auch schon mal richtig cool, obwohl im l'Annexe sonst eher Wärme und Zugewandtheit angesagt sind.

L'Annexe ⌂
7, Rue du Saint Esprit
L-1475 Luxemburg
☎ 0 03 52 / 26 26 25 07
www.lannexe.lu

Wie bei Großmutter

Lammschulter in Olivenöl und Rosmarin confiert

Das Rezept zur Spezialität des Hauses finden Sie auf Seite 98

Wer wieder mal Gerichte essen möchte, die er noch von früher kennt, vielleicht sogar aus den Töpfen seiner eigenen Großmutter, wer dabei noch gemütlich sitzen und ungezwungen genießen will, der sollte unbedingt das Les Caves Gourmandes besuchen. Das Kellerlokal mit seinen unverputzten Kalksteinwänden, den Holztischen und dem schönen großen alten Spiegel an der Wand bietet eine ungewöhnliche und hervorragende Küche, die aber ganz einfach daherkommt. Dies hat auch der Guide Michelin anerkannt und dem Les Caves Gourmandes den Bip Gourmand für sehr gutes und zugleich unprätentiöses Essen verliehen.

Der Küchenchef, Charel Hartmann, ist jung und voller Elan. Nach der Hotelfachschule hat er seine Lehr- und Wanderjahre in Wien und der Schweiz in einem Drei-Sterne-Restaurant verbracht. Als echter Luxemburger lehnt er sich gern an die bodenständigen Luxemburger Rezepte an, aber seine Gerichte haben durchaus eigenen Charakter. Den authentischen Geschmack des Produkts zu erhalten ist ihm das Wichtigste. Deshalb legt er auch besonderen Wert auf die Qualität. Und er wählt zum Beispiel beim Fleisch Stücke aus, die sonst eher nicht auf der Karte stehen, wie den Bauchlappen des Rinds oder das Nackenzwischenstück vom Iberico-Schwein. Letzteres brät er scharf an, damit es knusprig wird, und serviert es mit einer Teufelssauce, reich an schwarzem Pfeffer. Bei ihm kann man auch Kalbskopf bestellen, als Carpaccio geschnitten, oder einen auf herkömmliche Art zubereiteten Coq au Riesling. Die Beilagen werden grundsätzlich nicht auf die Karte geschrieben, denn Hartmann sucht sie immer frisch je nach Marktangebot aus. Unter drei Vor- und Hauptspeisen kann man beim Mittagsmenü auswählen; anschließend locken ein Dessert und eine reichhaltige Käseauswahl. Dies alles zu einem gemäßigten Preis.

Wer sich dafür interessiert, wie Hartmann arbeitet, kann den Tisch in der Küche für zwei Personen reservieren und so direkt vom Chefkoch verwöhnt werden.

Les Caves Gourmandes
32, Rue de l'Eau
L-1449 Luxemburg
☎ 0 03 52 / 46 11 24
www.caves-gourmandes.lu

Le Bouquet Garni

Ganz große Küche, diskret verpackt

🍴 **Sanft gegarter Kabeljau mit Blattpetersilie und Kaviar**

Das Rezept zur Spezialität des Hauses finden Sie auf Seite 99

Das Restaurant Le Bouquet Garni zu finden, ist gar nicht so einfach. Am Haus in der Rue de l'Eau mit der Nummer 32 muss man das Schild suchen. Es ist klein und filigran und hängt quer zur Mauer. Erst wenn man durch das Tor zum Eingang geht, kann man auf Schautafeln Fotos von Thierry Duhr sehen und sein Markenzeichen: das Rankenmuster, das sich auf der Speisekarte und den Sitzbezügen wiederholt, und seine in kleinen, geschwungenen Buchstaben geschriebenen Gerichte.

Dabei ist Thierry Duhr ein großer Name: Er war unter anderem Souschef bei Lea Linster, und Le Bouquet Garni hat einen Stern im Guide Michelin. Aber Duhr legt Wert auf Diskretion. Wer hier speist, kann das, wenn gewünscht, ganz ungestört in einem der über drei Etagen verteilten separaten Räume tun, die elegant mit antiken barocken Möbeln eingerichtet sind. Man sitzt auf weich gepolsterten Sesseln oder Stühlen, denn hier darf man entspannen.

Auch die Gerichte sollen für sich selbst sprechen. Duhrs Küche ist französisch. Er verwendet ausschließlich Zutaten von hervorragender Qualität und geht selbst mittwochs und samstags auf den Wochenmarkt, um frisches Gemüse und Salat einzukaufen. Den besten vegetarischen Salat Luxemburgs kann man hier bei ihm im Sommer genießen. Das Kartoffelpüree wird aus den besten Kartoffelsorten hergestellt und dient auch als Grundlage für eine seiner bekannten Vorspeisen, Pommes de terre caviar, ein warmes Tortenstück-

chen aus Kartoffelpüree mit einem rohen Eigelb in der Mitte, darauf Kaviar, garniert mit einer Sauce aus saurer Sahne. Viele Gäste kommen extra deswegen, oder wegen seines gebratenen Hummers auf Kartoffelsalat. Aber gerade auch Liebhaber klassischer Gerichte kommen bei Duhr auf ihre Kosten. Die Desserts werden vom hauseigenen Chocolatier zubereitet, der schon mal den Bocuse d'Or, den inoffiziellen Weltmeistertitel, gewonnen hat. Dazu trinkt man vor allem Champagner, wobei auch die umfangreiche Weinkarte ein Ereignis für sich ist.

Le Bouquet Garni 🏠
32, Rue de l'Eau
L-1449 Luxemburg
☎ 0 03 52 / 26 20 06 20
www.lebouquetgarni.lu

Stierchenbrücke über der Alzette

Mit Esprit und Leidenschaft

Es gehört schon Mut dazu, das angesagteste Restaurant von Luxemburg zu übernehmen und dann alles neu und anders zu machen. Diesen Mut brachte eine Frau auf, und zwar ganz allein. Stéphanie Jauquet war 2008, als sie das Lokal eröffnete, allerdings kein unbeschriebenes Blatt in der Luxemburger Gastronomie-Szene. Die Belgierin hatte nach dem Studium der Betriebswirtschaft und des Hotelwesens bereits fünfzehn Jahre in Restaurants vor Ort gearbeitet. Und heute ist Um Plateau wieder in, und ganz Luxemburg kommt, um hier einen anregenden Abend zu verbringen. Um Plateau befindet sich in einem von außen unauffälligen Haus auf dem Plateau Altmünster, das mit den Festungsresten und der Altstadt zum UNESCO-Welterbe gehört. Freie Hand hatte Jauquet also nur bei der Innengestaltung. Sie engagierte den bekannten Architekten Stéfano Moreno, der bis auf die schönen alten Fensterscheiben mit den Wappen Luxemburger Städte nichts unverändert ließ. Die zwei Räume bekamen einen neuen Grundriss und durch das variable Spiel mit den gleichen Elementen sowie den Farben Grau, Aubergine und Grün eine unterschiedliche Atmosphäre: Mal umrahmt Corian als geschwungenes Band an den Wänden die runden Tische und sorgt so für Gemütlichkeit, mal wird es zur Basis einer fünf Meter langen, doppelseitigen Bank, die die zwei Tischreihen voneinander trennt und so dafür sorgt, dass man ungestört essen kann.

Das Essen ist nicht die Hauptsache im Um Plateau, hier geht es um gute Stimmung und Unterhaltung. Das heißt aber nicht, dass das Essen nicht hervorragend ist. Küchenchef Stéphane de Vree, der vorher in einem Sternerestaurant arbeitete, serviert traditionell französische Küche ohne Schnickschnack, die jeden Mittag viele Geschäftskunden anlockt. Abends, nach einem Drink an der Bar aus bunten Mosaiksteinchen im Eingangsbereich, verwöhnt er die Gäste mit Wild, raffinierten Fischgerichten, Steaks, Salaten und ausgesuchten Desserts. Und vielleicht bedient auch Stéphanie Jauquet, die Frau, die alles möglich machte.

Gebratene Hühnerbrust auf Mango und Ananas mit Zitronen-Vinaigrette und Quinoa

Das Rezept zur Spezialität des Hauses finden Sie auf Seite 99

Um Plateau
6, Plateau Altmünster
L-1123 Luxemburg
☎ 0 03 52 / 26 47 84 26
www.umplateau.lu

Gehen wir zu Hashimoto-San

Sushi ist in den letzten zehn Jahren als eine Art gesundes Fast Food so in Mode gekommen, dass keine Großstadt in Europa ohne Sushi-Restaurants auskommt. Im Oktober 2008 wurde in Luxemburg das Ikki im Stadtteil Clausen eröffnet, dem neuen Szene-Viertel der Stadt auf dem Gelände einer alten Brauerei.

Direkt an dem kleinen Flüsschen Alzette gelegen, ist das Ikki aber viel mehr als ein typisches Sushi-Restaurant. Das fängt schon damit an, dass hier ein Meister seines Fachs, nämlich Meister Hashimoto, der seit Jahren in der Sushi-Szene Luxemburgs als der Beste bekannt und anerkannt ist, hinter der großen Bar, für alle gut sichtbar, seines Amtes waltet. Außerdem bietet das Ikki tagsüber auch internationale Küche an. Man kann hier neben Sushi, Sashimi, Tempura oder Maki, herkömmliche Gerichte mit Fisch, Fleisch, Muscheln und sogar frische Nudeln oder Vegetarisches bestellen. Selbstverständlich wird ein Mittagsmenü für die zahlreichen Geschäftskunden angeboten. Abends verwandelt sich das Ikki vom reinen Restaurant zum Event. Hier wird nicht nur gegessen, sondern auch gefeiert. Zuerst kann man im unteren Stockwerk an der Bar auf den gemütlichen braunen Sesseln oder Bänken Platz nehmen und einen Aperitif bestellen. Der große Raum fasziniert durch das Spiel mit strengen, japanisch angehauchten Gittermustern an der Bar und geschwungenen Elementen an den Wänden. Zum Essen zieht man dann nach oben in den Restaurantbereich um, wo runde braune Bänke in der Mitte des Raumes mit der an japanische Papierwände erinnernden Wanddekoration kontrastieren. Gäste, die gern unter sich bleiben wollen, können sich in einen getrennten Raum zurückziehen. Bei gutem Wetter bietet die mit Bambus bewachsene Terrasse einen schönen Blick.

Danach lädt die Bar, die am späteren Abend durch bunte Beleuchtungseffekte mal eine romantische, mal eine coole Note bekommt, erneut zum Zusammensitzen ein. Jetzt versteht man auch den Namen des Restaurants, „Ikki", besser, der auf japanisch „Prost", und zwar auf Ex, bedeutet.

Ikki
2, Rue Emile Mousel
19–21, Rives de Clausen
L-2165 Luxemburg
☎ 0 03 52 / 49 69 40
www.ikki.lu

Fremd und doch vertraut

es wichtig, kleine kreative Gerichte anzubieten, die vor allem gesund und bekömmlich sind.

Und während des Essens kann man sich an der gelungenen Innendekoration erfreuen, die in Rot, Schwarz und Weiss gehalten ist, wie zum Beispiel das riesige lackartige Wandbild auf der Hinterseite des Lokals. „Aka" bedeutet auf japanisch auch Rot, und der zweite Teil des Namens, „Cité", wurde von dem bekannten Kino übernommen, das sich vorher dort befand. Heute ist das Aka Cité durch eine Glasbrücke direkt mit dem neuen Cercle Municipal, dem 2011 eröffneten Kongresszentrum, verbunden und versteht sich als Teil und Ergänzung des innerstädtischen Angebots an jeden Bürger und Besucher Luxemburgs.

Futuristisch mutet das Sushi-Lokal Aka Cité mitten in der Innenstadt in Luxemburg in unmittelbarer Nähe des Place d'Armes an. Im ersten Stock direkt über der Stadtbibliothek angesiedelt, fällt als erstes die riesige Metallschale auf, die frei in den Raum hängt und in der die Sitzreihen des darüber liegenden Sitzungssaales untergebracht sind. Für die nötige Helligkeit im Restaurant sorgen über zwei Stockwerke gehende Panoramafenster. In der Mitte des Raumes steht eine große viereckige Bar. Kaum zu glauben, aber unter der spiegelnden Glasoberfläche des schwarzen Tresens ist ein Mechanismus untergebracht, der ihn mittags und abends in einen Sushi-Train verwandelt. Geschirr ohne Magnet darunter, wie Gläser und Teetassen, bleibt dann stehen, die Sushi-Trays aber bewegen sich munter weiter, und man kann sich nach Lust und Laune bedienen. Fünf Sushi-Meister, denen man von den Barhockern aus bei der Arbeit zusehen kann, sorgen dafür, dass das Angebot variantenreich und raffiniert ist.

Wer Sushi lieber à la carte isst oder einen Freund mitgebracht hat, den es eher zu mitteleuropäischen Genüssen zieht, der kann sich an einen der vielen Tische rund um die Bar setzen. Auf der Karte ist für jeden, der asiatisches und europäisches Essen liebt, etwas dabei. Der Küche des Aka Cité ist

Aka Cité ⌂
3, Rue Genistre
L-1623 Luxemburg
☎ 0 03 52 / 6 61 73 73 73
www.aka.lu

Remerschen

⌂ Adressverzeichnis

D

Distillerie Agricole Diedenacker 38

Mariette und Camille Duhr-Merges

9a, Rue Puert

L-5433 Niederdonven

☎ 0 03 52 / 26 74 71 08

🖨 0 03 52 / 26 74 71 08

duhrcam@pt.lu

www.diedenacker.lu

Distillerie

„Clos du Fourschenhaff" 34

Margot Guillon und Pit Dolizy

4, Kiirchegaessel

L-5417 Ehnen

☎ 0 03 52 / 6 91 45 67 06

drepp@pt.lu

www.distillerie.lu

Les Domaines de Vinsmoselle 28

12, Route du Vin

L-5450 Stadtbredimus

☎ 0 03 52 / 23 69 66-1

🖨 0 03 52 / 23 69 91 89

info@vinsmoselle.lu

www.vinsmoselle.lu

Domaine Cep D'or 30

Jean-Marie Vesque

15, Route du Vin

L-5429 Hёttermillen

☎ 0 03 52 / 76 83 83

🖨 0 03 52 / 76 91 91

info@cepdor.lu

www.cepdor.lu

Domaine Henri Ruppert 18

Henri Rupert

Auf dem Markusberg 1

L-5445 Schengen

☎ 0 03 52 / 26 66 55 66

🖨 0 03 52 / 26 66 55 67

hruppert@pt.lu

www.domaine-ruppert.lu

E

DOMAINE MATHES 36

Paule und Jean-Paul

Hoffmann-Mathes

73, Rue Principale

L-5480 Wormeldange

☎ 0 03 52 / 76 93 93

🖨 0 03 52 / 76 93 90

info@mathes.lu

www.mathes.lu

Restaurant l'Ecuelle 126

Jean Claude Moucaud

Maison 15

L-9980 Wilwerdange

☎ 0 03 52 / 99 89 56

🖨 0 03 52 / 97 93 44

jmoucaud@pt.lu

www.ecuelle.lu

Les Ecuries du Parc 122

Cynthia und Marc Arend

4, Rue du Parc

L-9708 Clervaux

☎ 0 03 52 / 92 03 64

🖨 0 03 52 / 92 97 42

info@staell.lu

www.staell.lu

Eppelpress 66

Jean-Paul Friederes

Beforterstraße 12a

L-9365 Eppeldorf

☎ 0 03 52 / 6 91 83 61 85

friederes@eppelpress.lu

www.eppelpress.lu

Hotel-Restaurant L'Ernz Noire 70

David Albert

2, Route de Beaufort

L-6360 Grundhof

☎ 0 03 52 / 83 60 40

🖨 0 03 52 / 86 91 51

lernznoire@pt.lu

www.lernznoire.lu

F

Fischer Mäsgoort 106

43, Grand-Rue

L-9410 Vianden

☎ 0 03 52 / 83 41 61

www.fischer.lu

G

Georges Schiltz 56

Tudorsgeeschter

8, Rue Henri Tudor

L-6582 Rosport

☎ 0 03 52 / 6 91 74 25 70

schiltz.georges@yahoo.de

www.tudorsgeeschter.lu

GriMouGi 80

Laurentino de Jesus Ribeiro

und Silvino Monteiro

34, Rue du Pont

L-6471 Echternach

☎ 0 03 52 / 72 00 26

🖨 0 03 52 / 26 72 06 32

orsito55@hotmail.com

www.grimougi.com

H

Den Heischter s.à.r.l. 130

Benny Wallers

4, Bei Clemensbongert

L-9158 Heiderscheid

☎ 0 03 52 / 89 90 62

🖨 0 03 52 / 89 94 71

bwallers@pt.lu

www.denheischter.lu

I

Ikki 168

Jean-Claude Colbach,

Steven Darné

2, Rue Emile Mousel

19–21, Rives de Clausen

L-2165 Luxemburg

☎ 0 03 52 / 49 69 40

🖨 0 03 52 / 29 61 76

info@ikki.lu

www.ikki.lu

J

Restaurant Joël Schaeffer 46

Joël Schaeffer

1, Rue Haute

L-6680 Mertert

☎ 0 03 52 / 26 71 40 80

🖨 0 03 52 / 26 71 40 81

restjoel@pt.lu

www.joel-schaeffer.lu

K

Brasserie K116 150

Restaurant an der Kulturfabrik

Romain Beaumet und Claude Kayser

116, Rue de Luxembourg

L-4221 Esch-sur-Alzette

☎ 0 03 52 / 26 17 59 74

🖨 0 03 52 / 26 17 62 38

k116@ion.lu

www.k116.lu

Kulturhaff Millermoler 54

Isabelle und Luc Schiltz

13, Rue Girsterklaus

L-6560 Hinkel / Rosport

☎ 0 03 52 / 53 27 73

🖨 0 03 52 / 26 74 30 78

isip@pt.lu

www.kumimo.lu

Adressverzeichnis

Grevenmacher

Rezeptverzeichnis ⑪

Europadenkmal, Schengen

Besondere Adressen für Sie entdeckt ...

ISBN 978-3-86528-498-3
24,1 cm x 30,6 cm

ISBN 978-3-86528-490-7
24,1 cm x 30,6 cm

ISBN 978-3-86528-476-1
24,1 cm x 30,6 cm

ISBN 978-3-86528-500-3
24,1 cm x 30,6 cm

ISBN 978-3-86528-481-5
24,1 cm x 27,6 cm

ISBN 978-3-86528-472-3
24,1 cm x 27,6 cm

ISBN 978-3-86528-492-1
24,1 cm x 27,6 cm

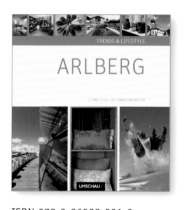

ISBN 978-3-86528-501-0
24,1 cm x 27,6 cm
auch in englischer Sprache erhältlich

ISBN 978-3-86528-485-3
24,1 cm x 30,6 cm

ISBN 978-3-86528-478-5
24,1 cm x 30,6 cm

ISBN 978-3-86528-475-4
24,1 cm x 30,6 cm

ISBN 978-3-86528-468-6
24,1 cm x 30,6 cm

Neu in unserem Programm

EINE KULINARISCHE ENTDECKUNGSREISE ...
(Buchformat: 24,1 x 30,6 cm)

... durch Luxemburg
Annette Beckmann, Ursula Furlan,
Mechthild Schneider
184 Seiten, Hardcover
ISBN: 978-3-86528-504-1

**Un voyage culinaire à travers
la Suisse romande**
Françoise Daubas, Christian Bullinger
128 Seiten, Hardcover
in französischer Sprache
ISBN: 978-3-86528-497-6

GESUNDHEIT UND WELLNESS
(Buchformat: 24,1 x 30,6 cm)

HAMBURG
Katrin Hainke, Bettina Schaefer,
André Chales de Beaulieu
208 Seiten, Hardcover
ISBN: 978-3-86528-458-7

BODENSEE
Sigrid Hofmaier, Christian Bullinger
168 Seiten, Hardcover
ISBN: 978-3-86528-480-8

WIEN UND NIEDERÖSTERREICH
Sabine Knoll, Xenia Bluhm
155 Seiten, Hardcover
ISBN: 978-3-86528-499-0

KÖLN, BONN UND UMGEBUNG
Claus Spitzer-Ewersmann, Yan de Andrés
208 Seiten, Hardcover
ISBN: 978-3-86528-505-8

besteshandwerk
(Buchformat: 24,1 x 30,6 cm)
HANDWERK | DESIGN | KUNST | TRADITION

KÖLN UND UMGEBUNG
Silke Martin, Andreas Tauber
144 Seiten, Hardcover
ISBN: 978-3-86528-486-0

CHIEMGAU
Petra Wagner, Christian Hacker
176 Seiten, Hardcover
ISBN: 978-3-86528-443-3

BASEL UND MARKGRÄFLERLAND
Christina Hitzfeld, Daniel Schvarcz
184 Seiten, Hardcover
ISBN: 978-3-86528-502-7

TRENDS UND LIFESTYLE
(Buchformat: 24,1 x 27,6 cm)

BERLIN UND UMGEBUNG
Roberta Busch, Andreas Tauber
184 Seiten, Hardcover
ISBN: 978-3-86528-477-8

Alle Titel erhalten Sie bei Ihrer örtlichen
Buchhandlung.
Für weitere Informationen über unsere Reihen
wenden Sie sich direkt an den Verlag:

UMSCHAU :·

Neuer Umschau Buchverlag
Theodor-Körner-Straße 7
D-67433 Neustadt/Weinstraße
☎ + 49 (0) 63 21 / 8 77-852
🖷 + 49 (0) 63 21 / 8 77-866
@ info@umschau-buchverlag.de
www.umschau-buchverlag.de

© fotolia/Photographics 'n' more

© fotolia/Shirley Hirst

© fotolia/Shortest day

© fotolia/Michael Wolf

Impressum

Recherche
Ursula Furlan, Zweibrücken

Texte

Anette Beckmann, Hofheim am Taunus
S. 26/27; 30/31; 80/81; 102–105; 108–135; 140/141; 152–163; 166–171.

Ursula Furlan, Zweibrücken
S. 12–25; 28/29; 34–79; 82/83; 106/107; 136–139; 142–151.

Gemeinsam: S. 11 und S. 84/85

Fotografie

Mechthild Schneider,
Saarbrücken und Oberlöstern
www.fotome.de

Lektorat
Katrin Stickel, Neustadt an der Weinstraße

Herstellung
Tatjana Beimler, Neustadt an der Weinstraße

Gestaltung und Satz
Kaisers Ideenreich, Neustadt an der Weinstraße
www.kaisers-ideenreich.de

Reproduktionen
Blaschke Vision, Peter Blaschke, Freigericht

Karte
Thorsten Trantow, Herbolzheim, www.trantow-atelier.de

Druck und Verarbeitung
NINO Druck GmbH, Neustadt an der Weinstraße, www.ninodruck.de

Printed in Germany
ISBN: 978-3-86528-504-1

Besuchen Sie uns im Internet
www.umschau-buchverlag.de

Titelfotografie
Mechthild Schneider, Saarbrücken und Oberlöstern
Landschaftsaufnahme: Luxemburg Stadt, Bockfelsen über der Alzette und Johanneskirche mit Abtei Neumünster. Die Foodaufnahme zeigt das Gericht *Niedrigtemperatur gegarte Basse côte vom Rind aus den Naturschutzgebieten Luxemburgs, mit Boudin noir, Foie gras und Rosmarinkartoffeln,* zubereitet im Restaurant l'Ecuelle.

Wir bedanken uns für die freundlicherweise zur Verfügung gestellten Fotos bei:
Landwirtschaftskammer Luxemburg (S. 12/13); Domaine Henri Ruppert (S. 19 unten); Les Domaines de Vinsmoselle (S. 28 oben); Ursula Furlan (S. 53); Anne-Caroline Berscheid, tudorsgeeschter.lu (S. 57 oben); Haff Schmalen-Brouwer (S. 60 unten links); Biohaff Baltes-Alt (S. 69 oben rechts); Hotel-Restaurant L'Ernz Noire (S. 70 oben links); Hôtel le Bisdorff (S. 76); Le Cigalon, Fotograf/agence/concept (S. 82 oben links); Caves & Distillerie Nationale Pitz-Schweitzer (S. 112/113); Tourist Center asbl (S. 117 oben rechts); Les Ecuries du Parc (S. 122/123); Château d'Urspelt (S. 125 oben und Mitte); Aux Anciennes Tanneries (S. 129 oben rechts); Den Heischter s.à.r.l., Fotograf: Benny Wallers (S. 130 unten); Entente Touristique du Sud, Règion Terres Rouges, Esch-sur-Alzette, www.sud.lu (S. 142–145); pavillion madeleine by Lea Linster (S. 146–149).

Bildnachweis wikipedia / wikimedia:
© Claude Meisch (S. 132); Cornischong (S. 133 links); Christian Ries (S. 133 rechts).